COVIDISME, CLIMAT ET WOKISME :

LES NOUVELLES RELIGIONS

Les Religions Postchrétiennes Occidentales

Par

Aldo Sterone

ISBN : 979-8375950693

Ce livre ne s'offre pas. Il se virgule sur la tronche…

Avis déjà formulés

*« Ils devraient interdire ce genre de bouquins. Les autorités
ne font jamais rien ! »*
Une concierge

« Nous avons reçu des pressions pour ne pas publier »
L'éditeur

« Un livre absolument ordurier… »
Le Journal du Lundi

*« Notre rédaction est sous le choc. Il ne raconte rien de faux,
mais c'est un livre qui fera certainement le jeu des
extrêmes… »*
La Tribune de Lausanne

« Il a fini dans ma cheminée ! »
La cheffe du Parti Ecologique

*« Il faut combler le vide juridique permettant à ces idées
complotistes de circuler… »*
Un ex-Ministre sous couvert d'anonymat

*« La liberté d'expression ne doit pas être une excuse pour
formuler n'importe quelle idée. Ce livre est un dérapage
inacceptable ! »
La Gazette du Légaliste*

*« Si l'auteur n'est pas content, il n'a qu'à rentrer chez-lui.
Nous ne pouvons plus souffrir ces gens qui viennent chez-
nous pour nous donner des leçons ! »
Propos tenus à l'Assemblée nationale*

*« Même s'ils sont factuels, ces propos restent néanmoins
inacceptables. Ce livre est dangereux. »
Le Quotidien de Grenoble*

*« Incroyable qu'à notre époque on trouve des livres qui
doutent du réchauffement climatique indéniable. La science
est tranchée. Remettre en cause la science est un crime ! »
Un célèbre philosophe*

Sommaire

Introduction

Contrairement à ce qu'aime affirmer une certaine presse qui me "décode" régulièrement, je ne suis pas conspirationniste. Au contraire, je crois que les choses sont ce qu'elles ont l'air d'être. On ne peut pas me pisser dessus et dire qu'il pleut. Si ceci arrive, je vais te dire : mais c'est de l'urine ce truc ! A ce moment, le décodeur va intervenir : le liquide en question n'a pas été soumis à des laboratoires certifiés. Il n'y aucune preuve qu'il s'agisse d'urine comme l'affirmait Aldo Sterone dans un Tweet partagé cinq mille fois en début de semaine…

Dans la vie de tous les jours, je suis le gars qui ne demande qu'à croire. Sérieux. L'autre jour, j'étais dans un anniversaire à Londres. On m'a présenté une jeune journaliste qui m'a poliment demandé de discuter avec elle en respectant la distanciation sociale. Avant la présentation, faite avec le plus grand naturel, j'avais déjà reçu un petit briefing sur la personne. De par son métier, ses études et ses fréquentations, elle avait un esprit qui tournait à la version officielle. Elle avait sur le monde un regard angélique, naïf et apaisé. Un discours politique, une annonce gouvernementale ou un communiqué d'entreprise lui inspirent confiance. Elle y voit de l'honnêteté, de la transparence et même une certaine bienveillance.

Sa phase d'introduction fut exactement celle-ci :

- Je connais un homme jeune et en bonne santé qui est mort de Covid

Après deux ans de pandémie, le seul mort de Covid que je connaissais est un vieux monsieur qui avait passé l'équivalent de ma vie entière à fumer deux paquets par jour. Chaque fois que je lui avais parlé, c'était dans un parking où il sortait prendre sa pause et profitait pour s'enfiler quelques clopes. En une seule inspiration, je voyais la cigarette se consumer sur deux centimètres. Son épouse, dont j'avais entendu parler de réputation, fumait bien plus que lui. On lui avait remplacé le palais par une plaque en métal qu'on avait vissée sur de l'os valable. Le reste de son corps était rafistolé par de la chirurgie de fortune. On avait coupé, démonté, fait des ablations, des amputations, des raccords et des greffes pour lui faire tenir le coup ; mais elle ne le tenait pas vraiment. Et je préfère ne pas parler d'alcool qu'elle achetait en demi-gros et engloutissait en quantités professionnelles.

La seconde personne morte de Covid, c'est une vieille tante qui m'en a parlée. Elle était dans un mariage et s'est assise aux côtés d'une femme dont la cousine est mariée en Turquie. Les beaux-parents de cette femme ont un voisin de palier dont le grand père qui habite au Liban serait mort de Covid.

Entre nous (et rien à voir avec ce book) il y a des trucs que je ne comprends pas. Tu vois, l'autre soir, j'ai abusé un peu.

C'était un vendredi. J'avais envie de célébrer le weekend ; de faire quelque chose de spécial. Alors j'ai envoyé dans le four une pizza de chez Aldi, un gâteau aux pommes, puis comme le four était déjà chaud, j'en ai profité pour cuire un fromage dans lequel j'ai trempé un peu de pain. Pour respecter une résolution du Nouvel An, j'ai arrosé tout ça avec une bière sans alcool. Avant même d'aller au lit, j'avais la nausée et des ballonnements. J'ai essayé de faire passer en buvant de grands verres d'eau et en marchant les mains sur les hanches. Puis, une fois dans le lit, commencèrent les crampes. Des sortes de vagues me traversaient l'abdomen ; certaines inconfortables, d'autres à couper le souffle. A deux heures du matin, j'étais dans la cuisine à prendre du bicarbonate pour essayer de faire passer le mal. J'ai pu m'endormir difficilement vers trois heures et je me réveillais le matin sonné et avec une gueule de bois. Il a fallu attendre midi, une bonne douche et plusieurs tisanes pour commencer à voir la lumière.

En même temps, je connais des gens avec quarante kilos de surpoids et qui s'envoient des seaux de poulet frit en un match sans prolongations. La pizza arrive par scooters entiers ou Nissan Micra immatriculées vers 2002 et les boites c'est du format colombier ou double raisin. Chez eux, le vin rosé ne compte même pas comme alcool ; c'est la nouvelle eau minérale. Dans leur balcon, les pots sont pleins de bouts de cigarettes. Et tu sais quoi ? Ils n'ont pas mal au bide. Quand la journée se termine, une fois qu'ils ont englouti leurs six mille calories, ils se mettent dans leur lit face à la petite télé, fument une dernière clope pour la nuit et éteignent la lumière.

Je ne sais pas comment ils font. En deux jours de leur vie, je suis mort. En tout cas, le vieux monsieur cité plus haut, a fait une chute et sa famille a téléphoné à une ambulance. Une fois à l'hôpital, ils ont diagnostiqué un cancer des poumons. Le truc super avancé et qui ne laisse que peu d'issues. Dix jours plus tard, il rencontrait son Créateur comme on dit en Algérie. Avant de rendre le corps, les médecins réalisaient un test Covid qui s'est avéré positif. Cause du décès sur le certificat : Covid.

La seule personne qui est morte de pandémie et rien que de pandémie, ce fut mon arrière-grand-mère en 1918 ; la grippe espagnole. Elle souffrait d'une fièvre élevée et resta prostrée sur son lit toute la nuit. Ma grand-mère, qui avait douze ans à l'époque, courut chercher le médecin. Croyez-le ou pas, ils se déplaçaient chez le patient en ces temps-là ; même un patient malade et même en plein pandémie. Le temps qu'il arrive et elle était déjà morte. Je n'ai pas d'autres exemples à fournir. Le seul cas documenté que je connaisse date de 1918.

En tout cas, quand cette journaliste me parla, j'ai senti naître en moi un énorme espoir.

- Je connais un homme jeune et en bonne santé qui est mort de Covid, attaqua-t-elle

- Aidez-moi ! S'il vous plaît ! Contrairement à ce qu'on a pu vous dire sur moi, je ne suis pas un conspirationniste. Je ne cherche pas à casser le narratif. Au contraire, je veux y croire. Je suis sincère. De tout mon cœur, je veux croire. Aidez-moi ! Je vous demande un seul service : dites-moi des choses auxquelles je peux croire. Ni mon cœur, ni ma tête n'acceptent ce qui se raconte autour de moi. Mais, allons nous asseoir. Je pose mon siège à deux mètres de vous et dites-moi des choses que je peux croire.

J'espérais qu'elle saute sur cette perche si généreusement tendue. Sincèrement, il n'y avait aucun piège ou manœuvre cynique dans ma démarche. A la rigueur, je revendique un degré raisonnable de doute épistémologique dans la grande tradition philosophique des anciens grecs. Quand on lit un livre de science-fiction, il y a un contrat tacite entre l'auteur et le lecteur : ce dernier doit suspendre son incrédulité pour que le récit fonctionne. Si on commence à dire, ouais, mais cette soucoupe comment elle peut voler ? Où est le carburant ? La pressurisation ne semble pas tenir la route... Ce casque sur la tête, ou ces instruments c'est du n'importe quoi… on ne va pas s'amuser. Face à des récits imaginaires en livre ou en cinéma, il faut accepter les contradictions, fermer les yeux sur les trous dans le scénario, accepter des faits improbables… et au final, entrer dans l'univers du récit et, le temps d'une lecture ou d'une projection, accepter ses valeurs et ses règles qui vont motiver ses personnages. Ceci est notre rapport à la fiction divertissante. Notre rapport à la réalité ne saurait fonctionner ainsi.

Je ne peux pas suspendre mon esprit critique parce qu'un homme politique parle à la télé !

En tout cas, cette journaliste n'a pas saisi la perche. Elle passa une heure à me répéter que ma position n'est pas raisonnable et qu'il faut être totalement grillé du cerveau pour penser que l'Etat puisse mentir, conspirer ou travailler contre nos intérêts. Pour elle, les "affaires" sont plutôt l'exception que la règle et leur existence même prouve que les malhonnêtes sont finalement exposés et jugés. Puis elle finit son long exposé sur une conclusion fataliste :

- Nous sommes tous obligés de faire confiance à l'État ; autrement, il n'y a plus de vie.

Chapitre Premier

Où l'on fait connaissance et nous nous échangeons plein de points Godwin.

Ça fait trente ans que j'ai quitté mon pays natal, l'Algérie, pour débarquer en Occident, ou ce qu'il en reste. En 1991, pendant que je regardais défiler les côtes d'Oran, de Mostaganem et de Chlef depuis le hublot du 737-200 qui entamait son vol vers Genève, les premiers islamistes prenaient le maquis. Dans de nombreuses villes du pays, les groupes terroristes s'organisaient et recrutaient. Les premières armes automatiques, circulaient ; pas au grand jour encore.

Une guerre bestiale, une véritable boucherie, était sur le point de se déclencher. Elle n'allait épargner personne. Pas une famille qui ne sera touchée durant ce qu'on nomma par la suite "la décennie noire". Cette appellation, incluant la couleur noire dans un contexte négatif, serait considérée comme douteuse dans l'Occident d'aujourd'hui. Essayez de balancer un "noir de monde" dans un VTC parisien pour voir…

La guerre civile sur fond de religion exacerbée ne nous est pas tombée dessus du ciel (le jeu de mot est accidentel). Elle faisait suite à dix ans, les années quatre-vingt, d'hystérie collective autour d'idéologies importées et introduites de force dans notre société.

En tout cas, j'étais jeune et naïf. Le cœur plein d'espoirs et de rêves, en quittant l'Algérie, j'avais l'impression de m'évader d'un asile psychiatrique. Je ne savais pas que j'allais atterrir dans un autre…

En Algérie, nous avions une seule religion. En Occident, il y en a mille. Après sa déchristianisation à pas forcés, ce monde a développé un rapport dogmatique et malsain avec tout ce qui l'entoure ; de la religiosité sans religion dirait René Guénon. L'Occident a aussi ses idéologues, ses intégristes, ses officines de chasse aux sorcières. En plus de tout ce monde, il a les islamistes également. Le Covid, l'Ukraine, les LGBT+, le Brexit, la vaccination… chaque sujet est religion.

Dans ce livre, les problèmes de ce monde seront couverts sous un angle particulier : celui de la France. Le même agenda se déroule au Royaume-Uni, en Suisse, en Belgique… dans pratiquement tout le monde Blanc postchrétien. On exclut la Russie qui reste en dehors tant que Poutine sera à sa tête. Le jour où il partira, ce grand pays sera une priorité pour les forces de destruction. Ou bien elles tomberont sur un autre os, ou bien on verra un grand chantier démolition pour rattraper le retard sur la feuille de route.

Ce monde, dont la France n'est qu'un cas particulier, est en plein coulage. Cette chute inexorable n'est pas un accident, ni une fatalité. Elle correspond au déroulement d'un plan, d'un agenda bien huilé. Il est impossible que des actions aussi diverses et variées viennent s'emboiter comme par magie et concourir dans la même direction sans qu'il y ait une intention derrière. Nier l'existence d'un plan est une position intellectuellement intenable. C'est comme prétendre qu'un tas de pièces détachées renversées par un tremblement de terre se soient organisées, agencées et structurées par hasard pour fabriquer une voiture prête à circuler. C'est croire à la génération spontanée.

Rassurez-vous, l'existence d'un agenda ne suppose nullement l'existence d'un méchant au ricanement diabolique caressant un chat endormi d'une main couverte de bagues et de tatouages représentant des têtes de mort. L'organisation derrière le plan est plus subtile. L'époque est à la décentralisation. On dirait même à l'uberisation. Le plan n'est pas une liste d'ordres à destination de personnes précises ; ce n'est pas non plus une recette de cuisine. C'est plutôt une plateforme diffuse. Au plus fort, elle impliquera des millions de personnes qui agissent chacune pour une raison différente mais toutes dans la même direction. L'auteur du plan se fiche pas mal pourquoi telle ou telle personne y participe. L'important est que l'agenda avance. Certains y viendront par appât du gain, d'autres par idéologie, ou par conformisme, ou par lâcheté, ou parce qu'ils ne "faisaient que leur travail"... chaque participant en bout de chaîne ne voit que sa pièce du puzzle mais jamais l'image entière.

Durant la Seconde Guerre mondiale, les nazis utilisaient les trains pour déporter des familles entières depuis les territoires sous leur zone d'influence. Rien que le 16 et le 17 juillet 1942, c'est 4115 enfants, 2916 femmes et 1129 hommes qui ont été raflés par la police française et entassés dans le Vélodrome d'Hiver à deux pas de la Tour Eiffel. Au-delà de l'horreur du crime, cela montre comment à l'époque tout était centralisé ou concentré au même endroit. D'où l'idée des camps de concentration.

Serait-on capable de perpétrer les mêmes crimes aujourd'hui ? Certainement. Avec les mêmes méthodes ? Probablement pas. Tout d'abord, si on devait déporter de nos jours, on n'utiliserait pas le train nécessairement. En effet, pour la régularité, il faudrait créer des "contrats déportation" et les ouvrir à la concurrence. Les entreprises de transport aérien, routier et ferroviaire soumettraient leurs offres. Naturellement, on ne retiendra pas la plus efficace, ni la moins chère mais celle qui offre les meilleurs pots-de-vin, qui finance les campagnes électorales ou qui offre un poste de cadre supérieur au petit qui vient de finir son université. C'est ce qu'on appelle pudiquement "le marché libre".

En réalité, ça ne se passerait pas complètement ainsi de nos jours. Nous vivons dans un monde décentralisé. A quoi bon rassembler les gens dans un vélodrome puis les transporter vers des lieux de concentration ? En plus, avec ce genre de procédures, on finira toujours par mettre trop de responsabilités entre peu de mains. Regardez Maurice Papon ! Il a été poursuivi pour avoir déporté 1600 juifs. Avec la décentralisation, ça ne serait plus possible parce que le crime serait dissous entre beaucoup d'intervenants tellement ubérisés que nul n'y serait à plein temps ou ne comprendrait à quoi il a participé. Il n'y aura plus de "gardien de camp de concentration entre 1941 et 1943" mais uniquement des gens qui "font des heures" qu'ils traquent sur une "appli" qui affiche les sous qui rentrent. Le gars est sur un mirador entre 13:00 et 17:15 et le soir il frappe chez les gens pour livrer des pizzas. Le matin, il conduit un van qui se gare comme une loque pour décharger une cuisinière à gaz achetée en ligne à tempérament sur le site d'une grande enseigne. L'après-midi, il livrerait des canettes de Zyklon-B et comme personne n'est là pour signer, il les laisserait devant l'entrée et des gamins viendraient piquer le consignement et l'ouvrir sur une aire de jeux.

Honnêtement, si le crime était commis aujourd'hui, on aurait 12 millions de morts mais 120 millions de coupables.

Je n'ai encore jamais participé à un peloton d'exécution, mais on dit qu'il y a toujours un fusil chargé à blanc et on ne sait pas qui le porte. Ça permet à chacun de se dire plus tard : "c'était peut-être le mien" et ainsi dormir plus tranquillement. Notez la faillite morale dissimulée par un micro-string. Si la personne se joint au peloton, pointe un fusil et tire, le reste, c'est du détail. Le fait que le fusil ne marche pas ou qu'il n'était peut-être pas chargé ne change rien au fait que l'intervenant a participé à une exécution. Si on veut faire une virée sur le plan physique, tirer avec un fusil chargé offre un tel recul (ça tape fort sur l'épaule) qu'il est difficile de ne pas s'en rendre compte.

Dans le paragraphe plus haut, remarquez comme le fusil est chargé à "Blanc". Cela veut dire qu'il ne tue pas. Qu'il n'est pas dangereux. Décidément, il y a beaucoup de justice sociale à faire sur la langue. Un gros chantier de déconstruction.

La digression sur les pelotons d'exécution vient de mon côté africain. D'ailleurs ce livre n'est rien d'autre qu'une vision africaine de l'Occident. Quand il est à l'école, l'occidental se tape un zéro pour un hors sujet. Des légions de profs sont chargés par l'éducation nationale de détruire tout germe de pensée humaine chez les têtes blondes (ou ce qu'il en reste. Les Jules et les Prosper ne seront pas la France de demain). On leur impose une pensée structurée et organisée en silos. En fait, c'est de la pensée dirigée qui doit rester dans les limites imposées ; penser mais pas trop. Écrire une dissertation sur la Seconde Guerre mondiale peut ramener un 17 sur 20. Parler de ceux qui l'ont financée est un hors sujet valant zéro. Dans notre monde, tout est connecté à tout. Or, travailler sur ces connexions est un réflexe anti-pavlovien. Des millions de gens se contentent d'une vision zoomée, comme au microscope, sur un aspect précis du problème. Dès qu'on cherche à dézoomer, les coups de bâton arrivent sur la tête. Seuls vos maîtres qui planifient votre sort ont le droit de voir la vision globale de l'image que forme le puzzle. Le citoyen moyen doit rester avec des miettes d'image qu'il tournera dans sa tête sans jamais comprendre. Cette incompréhension nourrira ses peurs, ses angoisses, ses inquiétudes et le rendra enfin mûr à être manipulé.

Un homme manipulé (ou manipulée) deviendra, sans s'en rendre compte, l'ennemi de sa famille, de sa nation et même de sa propre personne. Il soutiendra ses oppresseurs. Il répètera leur propagande comme un perroquet. On hésite entre le bousculer mentalement, le prendre en pitié ou bien lui offrir un sachet de cacahuètes de production organique et carbone neutre.

Je disais que la pensée africaine dont ce livre est l'issue est déstructurée. Pour ceux qui font l'informatique, c'est une sorte de NoSQL. L'absence de structure formelle permet d'associer des données non-semblables sans relation entre elles et qui seraient impossibles à faire tenir ensemble dans un cadre où une structure forte est imposée.

Connaissant mes lecteurs, je perçois d'ici l'agacement de certains : mais alors toi l'Einstein africain, si votre pensée est si puissante, pourquoi vous vivez dans la galère sur votre vaste continent et que nombre d'entre vous ne rêvent que d'immigrer chez-nous ? Présentement, nous ne sommes ni plus ni moins intelligents que les occidentaux. Nous avons nos forces et nos travers mais ceux-ci sont différents des vôtres. Quelque part, nous sommes complémentaires. C'est pour cela aussi que j'écris ce livre.

L'Occidental a une très forte intelligence organisationnelle. Nous l'admirons pour cela. Là où il est capable de lancer une industrie qui emploie 100'000 personnes et conquiert le monde, nous ouvrons un atelier avec deux cousins et un copain. Notre structuration est si faible, que nous n'arrivons même pas à faire respecter des règles collectives aussi simples que le code de la route. Chaque fois que je débarque en Algérie, je vois des morts : des bus dans des ravins, des taxis renversés, des piétons dans un arbre, un motard porté disparu, un carambolage dans le brouillard, un camion-citerne qui déchire une Renault 4 TL pleine de pommes de terre, une mobylette qui rentre dans une boulangerie à plus de 80 km/h, un vélo qui se prend un portail, un accident face à face, une Dacia sous un semi, un tracteur renversé… C'est le prix de la liberté.

Je n'ai pas toujours pensé ainsi. Au départ, à mon atterrissage en Suisse, j'admirais l'ordre et l'organisation. Le courrier A qui arrive exactement le lendemain. Le courrier B arrive dans deux jours. Le bus qui vient à l'heure. Le croyez-vous ? ils avaient même des tables, genre Excel, avec les heures exactes de passage. Ça donnait des trucs du style : 10:17, 10:33, 10:41… et ça marchait. Il m'arrivait d'observer le manège montre en pogne juste pour la beauté de la chose. En Algérie, nous avions le bus 34, celui de la cité des 200 logements, qui ne passait plus parce que des jeunes se sont bagarrés avec des contrôleurs puis ça a fini avec un parpaing dans le pare-brise et une grosse fitna. Tu peux devenir fou quand tu passes d'un monde à l'autre, moi je te le dis.

Maintenant, il faut aussi voir le bon côté des choses. Si Adolf Hitler avait surgi en Algérie, nous l'aurions appelé "Moustache" et ses projets n'auraient pas pu aller trop loin. Si tu veux construire un camp d'extermination près d'Alger, je vais te dire ce qui va se passer. Cinq ans après le début du projet, nous attendons toujours les autorisations nécessaires. Puis, on change de chef de projet et le nouveau venu découvre que le budget a été détourné et que les caisses sont vides. Le terrain pressenti pour la construction est inondable. Le matériel laissé sur place a été volé sauf un engin trop lourd pour être pris mais qui a été vandalisé par des jeunes qui s'amusaient. Le Zyklon B vient de Chine. Il est bloqué au port parce qu'il manque des documents. On graisse la patte à un douanier qui promet de s'en occuper puis on apprend qu'il a été arrêté dans une affaire de viande d'âne alors qu'il revenait d'un pèlerinage à la Mecque. Enfin, quand les canettes de gaz arrivent, elles sont éventées et ce sont peut-être même des fakes parce que le gars qui s'occupait des achats s'est arrangé avec son frère qui tient une boucherie hallal à Barbès pour fabriquer un société écran et commander du faux gaz surfacturé.

Si nous avions besoin de commettre un crime pareil dans mon pays d'origine, nous devrions probablement faire appel à des entreprises allemandes. Même Saddam, quand il a voulu bombarder les kurdes, a fait venir les gaz de chez Heberger AG (prononcer le G comme dans hamburger) et Karl Kolb Gmbh. Pour des raisons évidentes, l'opinion publique allemande est généralement très sensible sur les crimes utilisant des produits chimiques sauf quand ce sont des sous-hommes qui se font tuer.

Avant de critiquer, laissez-moi vous dire quelque chose : j'ai déjà vécu en Allemagne. Toutes ces histoires de mémoire, c'est du folklore germanique. A force de répétition, c'est devenu un peu comme ces fêtes de village ou parfois interviennent des acteurs masqués et des chorégraphies étranges mais que peu de gens savent expliquer. Il faut parfois remonter loin dans l'Histoire pour trouver des événements, parfois tragiques, à l'origine de ces fêtes. Ça se passe ainsi en Allemagne : des courbettes mémorielles, des salamalecs, de la contrition mais prêts à recommencer demain matin.

En Afrique, notre désorganisation nous empêche de fabriquer des industries de large échelle et viables. Dans le même ordre d'idée, elle nous empêcherait d'industrialiser l'horreur. Hors guerres civiles, un dictateur africain c'est cinquante morts par décennie. Les plus ignobles, tournent autour de 2 ou 3 kilomorts par mandat.

C'est drôle un occidental qui parle de "désobéissance civile". En des moments pareils, je mesure le fossé culturel qui nous sépare au travers de la Méditerranée. Chez nous, la désobéissance civile est un état d'esprit permanent ; une manière d'être. Quand nous commençons à dire du mal de nos régimes, c'est en des termes de coup d'Etat et de révolution.

Le Français est l'exemple le plus malheureux de la perte de cette mentalité. A une époque, il travaillait à la guillotine et tout le monde y passait. Aujourd'hui, en cas de pépins, il sort le weekend et marche selon un tracé autorisé par la préfecture, crie des slogans puis rentre à la maison pour tweeter. Les manifestations qui changent le cours de l'Histoire commencent spontanément un jour de semaine. Les événements de mai 1968 n'avaient pas débuté le weekend.

Sans exagérer, mon côté tiers-mondiste me donne un penchant pour les images fortes. Si la rafle du Vélodrome d'Hiver se passait de nos jours, la réaction du public serait de faire "trender" le hashtag "non aux déportations" pendant trois heures. Beaucoup auraient fini avec leurs comptes médias sociaux bloqués et leurs adresses IP dûment communiquées à la Kommandantur. Au final, le train serait quand même parti vers la Pologne et nous aurions changé de préoccupation. Par la suite, si deux mois plus tard tu postes sur ce sujet, tu vas avoir le gars qui répond "source" et juste en dessous celui qui dit "elle date de deux mois cette nouvelle !".

Je ne suis pas en train de faire l'éloge de l'anarchie qui règne chez nous. Simplement, j'ai peur que l'humain ne se développe trop vite sur le plan technologique mais que le plan spirituel ne suive pas. Il y a une dizaine d'années, une vidéo "drôle" circulait sur les réseaux sociaux où l'on a le rire facile. On y voyait un groupe de soldats africains qui semblaient assez ivres passer une arme automatique à un singe curieux. Ces bêtes sont très habiles de leurs mains et quand elles observent l'homme, elles peuvent répliquer ses gestes. La seconde d'après, une longue rafale déchira l'air, la caméra commença à filmer le ciel alors que des cris de panique ajoutaient une note tragi-humoristique à la scène. J'ai peur d'une humanité qui se transforme en singe armé. Beaucoup de moyens entre les mains, mais rien dans la tête et rien dans le cœur.

Par certains aspects, notre situation collective n'est pas plus enviable qu'il y a 5000 ans. Alors que nous avons amélioré les moyens techniques à notre disposition, nous avons par la même occasion créée des problèmes de gravité croissante. Nous faisons de l'alchimie inversée. Sous nos actions, l'or se transforme en plomb. Alors que nous avons tout pour réussir et créer un monde heureux pour tous, nous semblons rebrousser le cours de l'Histoire, explorant les crimes du passé à la recherche de moyens plus puissants pour les commettre.

Tu crois que le Juif devra porter une étoile jaune aujourd'hui ? Pas du tout. Il porterait un code électronique dans son téléphone. Une application fabriquée par des entreprises technologiques veillera à rendre le système infalsifiable. La police enquêterait sur les réseaux de "fraudeurs" qui permettraient de désactiver l'étoile jaune numérique.

Imaginez, juste pour la démonstration, que les nazis avaient eu accès aux technologies numériques d'aujourd'hui. Ou, après tout, imaginons tout autre dictateur sanguinaire avec ces mêmes technologies. On réalise sans peine que les crimes auraient été multipliés ou portés à des dimensions bibliques. La technologie informatique, par sa capacité à multiplier les dégâts, devrait être traitée comme le nucléaire militaire ou, tout du moins, associée à des règles morales et éthiques inviolables. Autrement, le prochain dictateur, le plus minable soit-il, qui voudra causer un génocide, atteindra son objectif à 99.9% et en deux clics.

Les entreprises sont des personnes morales. Une personne morale n'a pas d'âme. Elle a une hiérarchie et plein de petites mains qui participent à divers rouages. Si demain un pays interdisait de nouveau aux Noirs de monter dans le bus, on aurait des entreprises fabriquant des nuanciers électroniques permettant d'ouvrir ou de fermer la porte du bus ou le tourniquet du métro en fonction de la couleur de la peau. Croyez-le ou pas, on vous présentera le dispositif comme facilitant la liberté de voyager dans les transports publics. Les médias vous diront que c'est pour éviter la discrimination. Parce que si on laisse l'évaluation de la nuance de peau aux chauffeurs ou autres agents de sécurité, on risque d'obtenir des résultats variables.

Mettons, vous prenez la ligne 4 à la station de Château Rouge. Le vigile vous laisse circuler sans lever les yeux. Plus tard, vous arrivez à Saint Michel pour prendre le RER C et là ça coince. Lors du changement, un contrôleur vous interpelle. Vous montrez votre main, mais il insiste pour voir votre poignet. Les consignes du Ministère sont claires, c'est au niveau du poignet qu'on mesure la couleur de la peau. Il place son nuancier papier pendant que vous râlez. Un collègue s'approche et le verdict tombe : on n'aurait jamais dû vous laisser embarquer à Château Rouge. Vous êtes en contravention. L'amende sera de 135 Euros et on vous reconduit vers la sortie après avoir dûment photographié votre pièce d'identité "pour le dossier".

Afin d'éviter ces "situations ubuesques" et les "inévitables discriminations" qui vont avec, imaginez l'autre jour une blonde a été refusée à Wagram, les médias saluent l'arrivée d'un dispositif novateur. Une borne qu'on placera entre la borne à billets et la borne à vaccins. Elle fait automatiquement un traçage racial en utilisant des technologies cloud, intelligence artificielle et blockchain. Dans sa version finale présentée lors d'un salon, son laser permet de faire un profilage racial de vingt personnes par seconde et à une distance de 45 mètres avec un taux d'erreur inferieur a 0.1% ; la borne Colorio est née.

En Allemagne, une start-up propose un module supplémentaire et optionnel pour lequel certaines villes ont opté même s'il n'est pas encore obligatoire. Il permet de détecter le juif, le musulman, l'asiatique et près de cent nuances de noirs en fonction de leur niveau de métissage. En outre, il détecte l'aryen en moins d'une milliseconde. Grâce à son interface avec des lacs de données de type Big Data, il améliore sa précision au fur et à mesure qu'on l'utilise. Lors de l'installation à Francfort, la police a dû ramener plusieurs bus d'une "foule bigarrée" qu'on a fait passer par trois fois devant le détecteur. C'est pour le calibrage.

Ce texte est imaginaire mais il suffirait d'un cerveau fou et deux informaticiens pour qu'il se transforme en réalité. Tout ce que nous avons atteint à force de lutte peut disparaître en un clin d'œil. Les droits écrits par des torrents de sang de générations précédentes pourraient disparaître en un décret et 800 lignes de code.

Je vais te dire pourquoi les entreprises n'ont pas d'âme. Imagine qu'un gars bosse pour une compagnie qui fabrique et commercialise du gaz humanicide à des régimes génocidaires à travers le monde. Il n'est pas complètement inconscient. Il sait à quoi il participe. Si tu le prends un soir lors d'une tablée arrosée entre amis, il peut s'humaniser et ses meilleurs sentiments remonter à la surface. Il te dira *"L'année dernière, j'étais dans le moutarde. Il a mauvaise réputation en ce moment. On a dû arrêter parce que ça devenait difficile à exporter. Imagine tu vends des pizzas mais tes meilleurs clients sont sous embargo. L'économie de marché, mon cul. C'est un leurre. Depuis le début de l'année, nous nous positionnons sur le VX et le Sarin. Moi tu sais, je n'ai rien à foutre de ce que ces macaques font avec. Je fais mon boulot. Je touche et c'est tout. L'autre jour, on a eu une organisation humanitaire. Il fallait voir les gros connards. Ils ont bloqué l'entrée de la boite pendant toute la journée. Le patron nous a dit : ils ont l'air assez remontés comme ça, ne les provoquez pas. Les flics vont s'en occuper. De toute façon, il y a une mauvaise ambiance dans la compagnie. Je pense bouger. Je n'ai jamais vraiment aimé être dans le gaz parce que le marché est trop lent."*

Le monde de l'entreprise vit sous l'emprise du "maintenant". Les décisions sont guidées par les revenus trimestriels et les primes de performance qui seront dégagées. Imaginons que je travaille dans une entreprise qui cherche à vendre un aéroport clés en main à un pays d'Amérique Latine. Lorsque j'étudie le projet, j'y trouve de gros défauts qui rendent la réalisation difficile, voire impossible. Il est fort probable que le chantier va collapser dès le début des travaux. La commission, si le contrat est signé, est de 150 Kilo Euros. Voilà comment je vais réfléchir : *"Si on signe avant la fin de l'année, j'ai 150K sur canapé. Le foirage, si foirage a lieu, surgira dans bien 3 ou 4 ans. La compagnie devra probablement payer des millions en dommages et intérêts et subira une décennie de procès. De toute manière, vu mon plan de carrière, moi je ne suis plus là dans 6 mois. Je palpe le bonus de performance maintenant et ce qui adviendra après moi, le déluge !"*. Réfléchir à ce qui se passe après soi, exige un truc qu'on appelle l'éthique. Ce mot, même dans le dictionnaire, ils vont le retirer.

Bienvenue dans l'économie occidentale. Tous les rouages sont construits autour d'un bénéfice immédiat et rapide peu importe les pertes à long terme. On peut perdre 100 Euros dans 5 ans pour tout Euro gagné aujourd'hui ; aucun souci. Nous sommes en levier sur le futur. Nous empruntons sur le futur à des taux dépassant les 10000%. L'initiateur de cette vision est l'actionnaire.

Le commercial travaille sous contrat de type CDI. Il doit généralement signifier sa démission un mois à l'avance. Par contre, s'il a accumulé des jours de vacances ou de RTT, il peut potentiellement annoncer son départ le mercredi et être libre comme l'air dès le vendredi de la même semaine.

Pour l'actionnaire, l'engagement est encore plus léger. Il pourrait acheter des titres le matin et les revendre au cours du marché à midi sans en référer à personne.

L'entreprise est un peu comme la flamme d'une bougie. Elle est constante mais jamais la même. La structure semble constante mais les atomes qui la composent sont en éternelle mutation. Si vous trouvez un ancien annuaire de type pages jaunes datant de 1985, les entreprises qui existent encore maintenant ne sont plus peuplées par les mêmes personnes. Sur les entreprises techno, la rotation est telle qu'en six mois il y a déjà pas mal de changement.

Ceci va nous donner une double dissolution des responsabilités. Si on lance une compagnie, disons Génocide SARL, il n'y a personne dedans qui se sentira responsable d'un crime. Admettons que le service d'appel soit l'exécution d'opposants à la lueur des phares d'un camion. Le système sera structuré de manière à ce que chaque employé ne fasse qu'un petit bout de la mission : moi, j'y étais, mais j'arrosais les plantes après la fermeture ou bien, je mettais le diesel dans les réservoirs, je vérifiais les pneus… Ceci est la dissolution spatiale.

Ils mettent également en place des dissolutions temporelles. Comme les gens bougent d'un département à l'autre puis même entre les compagnies, personne ne serait resté assez longtemps au même endroit pour avoir le feeling d'avoir pleinement participé. Hein, moi, j'ai vendu des contrats à tel régime, mais je n'étais plus là quand ils ont exécuté le service ! Ou bien : à mon époque, on parlait de mettre en place un service d'exécutions sommaires, je me souviens avoir participé à des meetings préliminaires, puis nous avions discuté du pricing, mais je suis parti bien avant le lancement.

En conclusion, vous pouvez finir avec six millions de morts sur les bras mais zéro coupable. Vous pouvez toujours porter plainte et traîner l'entreprise en justice. Vous aurez des dirigeants actuels qui viendront au tribunal avec leurs avocats. Ils demanderont à un stagiaire d'envoyer des fleurs sans dépasser les 60 Euros et des lettres d'excuses mais, sur le fond, ce ne sont ni eux, ni personne qui a commis le crime dont vous parlez. C'est une structure évolutive, insaisissable qui n'est déjà plus là à l'instant où vous voulez mettre la main dessus.

En plus de cette réalité structurelle inquiétante, nous assistons en Occident à une idéologisation progressive de l'entreprise. Le problème vient des Etats-Unis. Il faut toujours observer ce qui se passe dans ce pays parce que nous finissons par importer ses travers sous nos latitudes. Les USA c'est magnifique à visiter, mais c'est un endroit tout sauf apaisé. En 1996, dans un article publié par un certain F. R. Duplantier, une observation très intéressante était soulevée. À l'époque, des analystes s'étonnaient qu'une bonne partie des dollars caritatifs détaxés versés par les grandes entreprises finissaient dans la poche de groupes de pression situés à l'extrême-gauche.

Après avoir bénéficié de travail d'enfants ou d'esclaves modernes, le nec le plus ultra chez la grande entreprise US est de signer des chèques pour des œuvres caritatives ; c'est-à-dire reconnues d'utilité publique et bénéficiant d'exemptions fiscales descendantes et ascendantes. Certains groupes militants sont devenus experts à s'enregistrer sous des statuts leur permettant la captation de cet argent. En 1993, plus de 300 de ces groupes ont reçu des dons de la part des 250 plus grandes entreprises américaines. Les deux tiers de ces récipiendaires défendent des politiques basées sur l'étatisme, la régulation, l'intervention administrative, la justice sociale, la justice raciale, les régulations environnementales... et de fait, étaient opposés à la liberté de l'entreprise.

Note au lecteur : il ne s'agit pas de dire que les mesures pour protéger l'environnement contre des entreprises prêtes à tout saloper pour se faire de l'argent facile n'est pas une bonne chose. Ou que de lutter pour améliorer le sort de certaines communautés défavorisées est un mal en soi. Il s'agit de souligner un mariage contre nature qui va engendrer des monstres et, au final, aggraver et transformer en pompes à fric les problèmes contre lesquels il prétend lutter.

A l'époque où cette alarme était sonnée, ces militants n'étaient que des groupes de marginaux se réunissant dans des arrière-boutiques mal aérées. Avec le temps, la manne les a rendus puissants et influents. Ils ne venaient plus quémander, mais exiger. En plus de casquer des sommes croissantes, les acteurs économiques devaient faire des actes d'allégeance et implémenter des politiques idéologiques et coûteuses. Le monstre qu'ils ont contribué à créer, les fait marcher à la baguette.

Le monstre a aussi compris sa puissance. Un peu comme cette ado qui commence à mesurer son potentiel de séduction chez ses camarades de lycée. Maintenant, les entreprises se couchent et doivent redoubler d'inventivité afin d'afficher leurs actes de soumission et leur nouvelle vertu.

En plus des salamalecs à la demande - jour de ceci, mois de cela, cotisations, dons, participations, caisses - la spoliation par le chantage idéologique a été formalisée sous un système dit "ESG". C'est une plateforme lancée par l'ONU en 2005 et qui inclut des évaluations sur les engagements environnementaux et sociaux ainsi que la gouvernance. Dans ces concepts pompeux et aux contours flous, on peut faire rentrer n'importe quoi. Par la force des choses, l'ESG est devenu à l'entreprise ce que le crédit social est au chinois. C'est un marqueur que les investisseurs considèrent avant de soutenir une entreprise.

Une entreprise qui se rebiffe, se voit rapidement menacée de "scandale". Il suffit de trois influenceurs et deux groupes Facebook peuplés de choqués professionnels pour que se lancent des campagnes d'intimidation et de boycott. Ils font assez de foin pour que l'histoire devienne tendance sur Twitter puis soit reprise, quasi-mécaniquement, par les journaux classiques. En cas de malheur, une célébrité en mal de reconnaissance peut prendre parti et la boule de neige devient une avalanche. A partir de là, on a l'impression que la planète entière est sous le choc. La suite logique survient dans les marchés boursiers ou les cours dévissent. Face à la situation, les entreprises n'ont jamais le courage de leurs opinions. Elles vont se fondre en excuses. Si la foule veut une tête, on sacrifie le fautif. On paye des associations. On retire des produits. On se met à genoux. On supplie… Cette position de faiblesse attise les braises et les lyncheurs rôdent comme des hyènes.

Une étude de la Bank of America réalisée en 2019, a montré que les entreprises de l'index S&P 500 perdent en moyenne 100 milliards de dollars par an en controverses liées à l'ESG. Au bout d'un moment, ce n'est plus quelques entreprises isolées qui souffrent, mais nous rentrons dans un système tyrannique qui vole un pourcentage croissant du PIB de pays entiers.

Certaines critiques disent que l'ESG est un Woke Score. Il est fondé par une idéologie qui trouve sa source dans des milieux académiques, associatifs ainsi que d'autres organismes non gouvernementaux. Ces militants poussent un agenda basé sur leur vision de la "justice sociale". Ils se basent sur la force acquise par le chantage auquel ils soumettent les grandes entreprises afin d'utiliser la puissance financière de celles-ci pour remodeler la société.

L'été, lorsqu'on voit toutes les grandes entreprises arborer de manière compulsive le drapeau arc-en-ciel, ce n'est pas qu'elles se sont soudainement découvertes une conscience nouvelle. Fondamentalement, elles n'ont pas de conscience. Beaucoup font travailler des enfants, collaborent avec des dictatures, financent des guerres, écrasent leurs employés, versent des pots de vins à tout va, trichent sur la marchandise, mentent dans leur marketing, pratiquent l'obsolescence programmée, trichent sur leurs déclarations de revenus, mentent à leurs actionnaires, payent des groupes terroristes… et plus si affinités. Donc le drapeau arc-en-ciel, il n'est pas là pour défendre les droits de qui que ce soit. C'est plutôt pour montrer leur conformité et afficher leur soumission.

Malheureusement, la soumission aux idéologies est de courte vue. Premièrement, elle est mauvaise pour le business. On va s'écarter de la mission principale et du service au client pour commencer à afficher sa vertu. Après tout, qu'il soit de gauche ou de droite, le client n'a qu'une seule préoccupation : un service efficace, rapide et au meilleur prix. Nul ne s'attend à ce que sa banque, son supermarché ou sa compagnie aérienne commencent à le culpabiliser ou lui imposer une vision sociétale quelle qu'elle soit.

Parfois, elles cherchent vicieusement à en profiter. Par exemple, la majorité des hôtels laissent des notes culpabilisatrices sur le lit du client. Elles expliquent que pour protéger la nature, les cours d'eau et le climat, elles souhaitent que le visiteur accepte qu'on ne fasse pas sa chambre et qu'on ne change pas les draps durant son séjour. L'approche suinte les bonnes intentions et la mauvaise foi. L'hôtel n'a aucun problème à facturer 250 Euros la nuit pour une chambre minable. Pour beaucoup, ils n'ont pas de problèmes à voler les pourboires de leur personnel ou à faire travailler des petites mains sans papiers dans des conditions proches de l'esclavage. La seule fois où ils ont des problèmes de conscience, c'est quand il s'agit de fournir le service au client. C'est un peu comme si on appelait un taxi puis qu'il s'amenait avec un vélo tandem demandant de pédaler pour protéger le climat. Si un hôtelier a des problèmes de conscience avec le service qu'il fournit, il peut changer de métier ou bien raser le bâtiment et transformer le terrain en espace vert si la démarche a une once de sincérité.

La soumission au score woke a un autre problème : elle peut détruire l'entreprise voire un secteur économique entier. Autant une compagnie aérienne peut faire des salamalecs puis voler ses avions à destination comme d'habitude, autant d'autres domaines sont profondément changés par leur conformité idéologique. Exemple : le cinéma. Le choix est cornélien : si la production ne cède pas au chantage, elle se retrouve au cœur de controverses qui effraient les studios, les banques et même les acteurs. En clair : elle ne se fera pas. D'un autre côté, si elle se soumet au cahier de charge idéologique, elle finit avec un navet moralisateur et pénible à regarder.

Le cinéma français est déjà mort. Certains films font moins d'entrées qu'une vidéo YouTube semi-virale. Les USA suivent le même chemin. En 2016, il a suffi d'une tendance Twitter OscarsSoWhite (il y a trop de Blancs aux Oscars) pour que l'industrie décide d'imposer le wokisme dans toutes les productions. Le programme se base sur un calendrier d'objectifs stricts qui se finalisera en 2024. Les films qui n'auront pas au moins 30% de Noirs, de gays ou d'handicapés, seront automatiquement disqualifiés des Oscars. En d'autres termes, ils ne seront même pas tournés parce que cette disqualification d'office les privera de financements en premier lieu. Aujourd'hui, des films comme Citizen Kane, 12 Hommes en Colère, Braveheart, le Parrain ou même Star Wars… seraient rejetés. James Bond ne passe plus. La franchise est sommée de bannir le Blanc. À terme, 007 se déplacera en chaise roulante, ou bien s'il est valide, il fera ses enquêtes à vélo. Il hésitera sur sa sexualité pleurera la moitié du film.

La liberté artistique, c'est fini. Au moins le personnage principal ou un personnage secondaire de premier plan doivent être d'une minorité visible. La censure britannique va encore plus loin : le personnage issu de la minorité ne doit pas occuper le rôle de vilain ; un Blanc hétéro fera l'affaire.

Si on veut tourner un film sur les attentats du Bataclan, par exemple, les terroristes s'appelleront James, Georges et Paul. Ils formeraient une katiba chrétienne radicalisée prête à passer à l'acte. Les flics qui les pourchassent seraient Oussama, Zakaria et Zarqaoui.

Dans tous les pays occidentaux, les professionnels du secteur crient au désastre mais peu osent pointer du doigt les raisons profondes. Dans leur métier, une phrase de trop et ils deviennent radioactifs. Jamais ils ne pourront dénoncer. C'est tout juste s'ils implorent le spectateur de revenir et les autorités de faire quelque chose. De toute manière, le secteur du cinéma, comme celui des médias, est aujourd'hui largement étatisé. Les subventions massives ne sont qu'une nationalisation qui ne dit pas son nom. En plus, ce qui est ahurissant en France, c'est que la majorité des médias et studios de cinémas appartiennent à de grosses fortunes. En d'autres termes, des milliardaires s'achètent des joujoux et le contribuable leur en finance le fonctionnement !

L'autre inconvénient de la soumission est l'inflation des demandes. Le maître chanteur ne sera jamais content. Il reviendra porteur de nouvelles exigences. Quel que soit le sujet que les hystériques sortent, il ne faut pas croire qu'ils vont s'en tenir à la simple acceptation. Au départ, ils viennent avec une demande d'acceptation et de tolérance. Assez rapidement, ils voudront imposer une glorification. Quand on cède à cette dernière, on exige qu'on détruise les modèles majoritaires et historiques qui seront vus comme des concurrents. C'est ainsi que l'Occidental moyen n'a plus de mère ou de père mais un parent 1 et un parent 2.

Un des grands succès du wokisme est d'avoir réussi à imposer la théorie du genre dans un nombre croissant de pays occidentaux. Pour appréhender la dépravation et la perversité de cette théorie, il faut revenir à ses origines… Nous sommes chez la famille Reimer au Canada. Ce sont des chrétiens mennonites ; une sorte de dénomination étrange ayant ses racines aux Pays-Bas. Le 22 août 1964, la maman accouche de deux garçons en bonne santé qui sont nommés Bruce et Brian. Huit mois plus tard, on décide de circoncire les jumeaux. Pour Bruce, l'opération d'électrocautérisation tourne au cauchemar : le chirurgien, Jean-Marie Huot, le laissera avec une mutilation atroce sous forme de brûlure profonde. Simplement, il n'a plus de pénis.

Les parents sont paniqués et on peut comprendre leur désarroi. Ils demandent l'aide d'un psychologue spécialisé dans la sexologie : John Money. Cet expert ayant fréquenté Harvard et l'université John Hopkins, a une solution toute prête. Il explique aux parents que le genre n'est qu'une construction sociale et que la meilleure chose qu'il pourront faire pour Bruce est l'élever en tant que fille. En grandissant, il deviendra une femme et ne souffrira pas des conséquences de l'opération ratée.

C'est ainsi que Bruce est renommé Brenda et élevé en tant que fille. A 22 mois, il passe au bloc opératoire pour une intervention qui finira le travail : les chirurgiens lui retirent ses testicules et le reste de son appareil génital. On lui donnera des hormones pour influencer le développement de son corps.

Pendant ce temps, John Money publie des papiers se félicitant du succès de la procédure et posant les premiers jalons de la théorie du genre. Dans son cabinet, il suit les jumeaux qui viennent le voir régulièrement. A de nombreuses reprises, alors qu'ils ont 6 ans, il tente de provoquer des relations sexuelles incestueuses entre les deux frères. A de nombreuses reprises, il les dénude et prend des photos d'eux dans diverses positions qu'il dirige. Quand les enfants résistaient, il les menaçait, leur parlait brutalement et leur criait dessus. Pendant qu'ils tremblaient de peur, il les dénudait puis leur imposait des actes dépravés.

C'est avec cette expérience (qu'il documenta dans de nombreuses publications) qu'il fit progressivement admettre au corps médical que le genre n'est qu'une construction sociale complètement artificielle. Potentiellement, on pourrait tirer à pile ou face le genre d'un bébé et l'élever en tant qu'homme ou femme peu importe sa biologie. Le cas échéant, on pourrait opérer, amputer, injecter… et le tour sera joué. Comme ces traitements au long cours sont intégralement remboursés par les assurances, ceci va naturellement créer une manne à vie pour les labos et les cliniques.

Money provoqua des opérations sur des milliers d'enfants au cours de sa carrière. Le moindre problème qui se posait, il le réglait quasi-systématiquement en disant aux parents que leur enfant est en fait du sexe opposé.

A 14 ans, Bruce est dans une souffrance extrême. Ni ses robes roses, ni les hormones qu'on pompe dans ses veines ne le feront se sentir femme. En plus, ses camarades se moquent de lui et personne ne veut de sa compagnie. Il ne souhaite plus qu'on l'appelle Brenda. Il reprend le nom de Bruce, s'habille comme un jeune homme et commence des opérations chirurgicales pour essayer de réparer les dégâts sur son corps.

En juillet 2002, son frère Brian se suicida d'une overdose d'antidépresseurs. Bruce, ex-Brenda, ne va pas bien non plus. A 38 ans, il est également dans une profonde dépression et rien ne marche dans sa vie. Un livre et de nombreux articles ont été écrits sur lui, mais personne ne peut l'aider à réparer son corps et sa tête. Le 4 mai 2004, il prend un fusil à canon scié, il le met contre sa tempe et appuie sur la détente.

Les parents ont soumis leurs enfants à des expériences sorties d'un esprit malade et les deux jumeaux ont fini par de suicider après des années de détresse. Ils accuseront John Money de la mort de leurs enfants. Ce dernier dira que tout est de la faute de l'extrême-droite et des mouvements anti féministes.

Ses publications décrivaient Brenda comme une femme heureuse et aboutie. La médecine étant un milieu conformiste et sans esprit critique, beaucoup de praticiens épousèrent ses thèses sans le moindre recul.

Dans n'importe quelle société normale, Money aurait fini sur l'échafaud, mais la société occidentale est malade et gangrenée. Plus une idée est abominable, plus elle va y circuler, sera embrassée et défendue. En 2018, une prof lance l'alerte au sujet de son école au Royaume-Uni : dans ce seul établissement, 17 enfants étaient dans un processus de réassignation de genre. Les plus âgés encouragent les plus jeunes devant une administration silencieuse et complice. La terreur exercée par les lobbies est telle que si un enfant se rapproche de la direction pour dire qu'il veut changer de genre, personne ne lui posera de questions ou cherchera à creuser ses motivations. Immédiatement, on ouvre le tiroir et on commence à remplir les formulaires qui partiront vers la clinique : vous avez un nouveau patient ! Parfois, les enfants viennent avec un militant trouvé sur des groupes Facebook. Ce dernier veillera à ce que la procédure soit respectée et expédiée.

Pour les parents, c'est souvent le cauchemar. Ils sont tenus à l'écart de la décision et s'ils tentent de s'y opposer, les services sociaux peuvent leur retirer la garde. Quand ils demandent de l'aide, la seule chose qu'on leur donne ce sont des leçons de tolérance pour qu'ils acceptent ce choix.

Imaginez la détresse d'une famille quand leur fille de 15 ou 16 ans, influencée par des copines, obtient un rendez-vous à l'hôpital pour une double mastectomie ! Et ce n'est pas uniquement un problème de copines. Beaucoup d'enseignants militants poussent des enfants et des ados en plein puberté à se poser des questions sur leur "identité de genre". Alors qu'ils sont dans une phase extrêmement difficile et instable de leur vie émotionnelle, au lieu de les aider à la franchir, le système en profite pour les déstabiliser et forcer son agenda dans leur tête. John Money avait testé sa théorie sur deux cobayes humains offerts par leurs parents et les deux ont fini par se suicider. Dans un article scientifique datant de 2020 qu'on retrouve dans la Librairie Nationale de Médecine (site officiel de l'Etat US avec extension en .GOV), sous le numéro 32345113 (juste googlez le numéro et suivez le premier lien), on explique que 82% des individus trans ont des idées suicidaires. Ce taux est le plus élevé parmi les jeunes. Plus de 40% ont été au-delà de la simple idée suicidaire mais ont réellement tenté de se donner la mort avec divers taux de succès.

La vérité est assez simple à résumer : tout ce qui pousse le Blanc vers une sexualité non reproductive est fortement encouragé. Pendant que la terre entière insémine des vagins, parfois quatre à la fois, le Blanc postchrétien (BPC), considère que le derrière de l'homme est un organe sexuel et reproducteur à part entière. Il ne faut pas se leurrer, quand il y a des journées de fierté sur les réseaux sociaux, la quasi-totalité des jeunes qui montrent leurs images sont des BPC. Dans une certaine mesure, les autres origines ont des cultures, religions, traditions, mémoires… encore largement fonctionnelles qui permettent de créer un pare-feu - assez relatif ! - contre la folie ambiante.

Tout est fait pour les encourager et leur donner l'impression qu'ils sont à la mode, qu'ils font un truc dont ils peuvent être fiers… et ils passent sous le bistouri. Aujourd'hui, on peut se faire suspendre un compte de médias sociaux pour simplement dire qu'un homme ne peut pas tomber enceint. Il faut protéger l'imposture afin que ces victimes aillent à l'abattoir sans jamais entendre une voix amie avec un discours différent. En plus du mal-être, de la dépression et du suicide, on trouve plein de cas de jeunes faisant des collectes pour se payer une chirurgie de détransition. Parce qu'autant on les aide pour aller dans le sens de la doxa et mutiler leur corps - c'est gratuit pour eux - autant dans le sens inverse, il n'y a plus la même sollicitude. De toute manière, il ne faut pas se faire d'illusions, une fois que les seins naissants ont été tranchés et mis à l'incinérateur ou le pénis coupé, il n'y a plus de retour en arrière.

En septembre 2022, un scandale éclate au sujet de l'intervention du Dr. Shayne Taylor de la clinique Vanderbilt qu'elle avait participé à fonder en 2018. Dans une vidéo interne, elle explique comment les chirurgies du "haut" et du "bas" sur des mineurs rapportent de l'argent. Elle insiste même : beaucoup d'argent. Une mastectomie rapporte 40'000 dollars. Un traitement hormonal sur un patient "que nous voyons que quelques fois par an" rapporte des milliers de dollars. Une chirurgie du "bas" peut aller jusqu'à 200'000 dollars : 10% pour le chirurgien et le reste en frais de séjour, d'anesthésie, d'examens… etc. Elle parle même d'un hôpital dont l'essentiel des revenus viennent de ces chirurgies alors qu'elles ne représentent qu'une faible fraction des activités. En fait, ce charcutage est traumatisant et va nécessiter un suivi intensif dont chaque acte est pris en charge par les assureurs.

Dans la même vidéo, qu'on trouve facilement en ligne, le docteur déplore une certaine résistance du personnel médical ayant des objections de conscience ou des croyances religieuses. Elle les menace ouvertement : il y aura des conséquences ! Il y a trop d'argent sur la table pour s'embarrasser de considérations éthiques. Si les mômes veulent une opération, nul ne doit s'y opposer.

Pour limiter les risques de manque à gagner par changement d'avis, les patients sont accompagnés par des activistes lors des examens médicaux. C'est probablement le seul domaine de la médecine où des chaperons veillent au respect de l'idéologie. Ils veillent à ce que le praticien ne se trompe pas de genre, utilise les bons pronoms et se borne uniquement aux modalités pratiques de la "transition".

Aux Etats-Unis, les chirurgiens du genre s'achètent des avions, construisent de grandes cliniques et amassent des fortunes colossales. Cet argent facile déforme les services de santé. Comme les caisses ne sont pas illimitées, l'argent qu'on dépense sur le genre doit être récupéré ailleurs. D'autres opérations seront déremboursées afin de privilégier l'industrie de la mutilation

Ce schéma se retrouve dans de nombreux domaines de destruction programmée de l'Occident. Sur le plan de l'exécution, nous avons un chirurgien qui ne fait que son travail (souvenirs, souvenirs…). C'est lui qui tient le bistouri, mais ne rentre pas dans les motivations profondes de la manœuvre. Il va juste l'exécuter au mieux puis se laver les mains et passer dans un autre bloc opératoire.

La clinique, ses cadres et ses investisseurs sont après une manne juteuse, facile et inépuisable : l'industrie de la transition pèse lourd. Plus les médias et les écoles rabâchent la théorie du genre, plus de gens "naissent dans le mauvais corps" et ils sont demandeurs d'interventions. Si ces clients potentiels devaient eux-mêmes financer leur prise en charge, les coûts exorbitants auraient été suffisamment dissuasifs pour calmer les ardeurs. Néanmoins, les assurances et autres caisses sociales couvrent l'intégralité des frais. Dans ce sens, le patient n'est qu'un alibi. C'est-à-dire un simple pion nécessaire pour débloquer les fonds qui dorment dans les caisses de l'Etat.

L'opération chirurgicale est un prétexte pour que les formulaires puissent être remplis et les cases cochées. On voit bien que les investisseurs ne travaillent pas à assouvir une fantaisie idéologique, mais au contraire, ils ont monté un système bien huilé avec du jeune patient qui subit des opérations lourdes et inutiles. Une ado à laquelle on fait une excision des seins, c'est près de 4 heures d'intervention pour tout couper, retirer les excès de peau, faire de la liposuccion puis recoudre le tout. En temps normal, la seule indication thérapeutique pour une opération aussi lourde et mutilante se matérialise dans certains cancers du sein. Même si beaucoup guérissent du cancer aujourd'hui, statistiquement on n'a pas la même espérance de vie quand on est en bonne santé à 15 ans ou malade à 80 ans. Si on réfléchit en termes de revenus récurrents, l'ado est un patient royal. C'est potentiellement des décennies de traitements coûteux à la poursuite d'un objectif impossible.

Si on mutile un garçon, il ne deviendra pas une fille, mais un garçon mutilé. Pareil dans l'autre sens pour les filles. Si les opérations et les médicaments permettaient de faire une transition entre les genres, elles auraient pu aussi guérir la trisomie 21 ou la trisomie 18. La lutte contre les chromosomes exprimés est sans issue.

La seule manière de changer de genre, est de faire une métamorphose. C'est une procédure qui n'existe que dans les fictions.

En 1972, le psychologue britannique Gerald Russell a traité une femme présentant un désordre mental assez étrange. Cette patiente mangeait beaucoup et par la suite allait se faire vomir dans les toilettes. En 5 ans, monsieur Russell avait rencontré dans son cabinet deux douzaines de cas similaires. En 1979, il décida d'écrire un article au sujet de cette maladie psychologique qu'il appelait la "boulimie névrotique". Dès qu'elle fut rendue publique et largement diffusée par les médias, cette maladie prit des proportions extraordinaires.

Dans les années 90, on comptait plus de 30 millions de cas, en majorité des jeunes femmes.

Cette contagion a été expliquée par le philosophe canadien Ian Hacking. Il parla de contagion sémantique, c'est-à-dire que le fait de nommer les choses leur donne la possibilité de se propager plus facilement par le biais d'une terminologie que tout le monde va reprendre. De nombreux magazines et émissions télévisuelles pour femmes ont repris ces histoires de boulimie et on en fait, sans le faire exprès, la promotion.

Au début des années 2000, il n'y avait pratiquement aucune fille qui souhaitait devenir un garçon. Des cas devaient exister, mais étaient tellement marginaux qu'il est très difficile de les trouver dans la littérature. La promotion de la théorie du genre dans les écoles et les médias a encouragé la contagion sémantique. Aujourd'hui, un nombre croissant de jeunes, en particulier dans les pays industrialisés, hésitent et doutent de leur genre. Ces jeunes secoués dans leurs fondamentaux identitaires les plus profonds, cherchent de l'aide chez la médecine qui ne peut leur proposer que des hormones et des chirurgies.

Il est interdit de leur parler. Les inviter à réfléchir sur eux-mêmes, patienter, laisser le temps au temps... leur conseiller de préserver leur intégrité corporelle est considéré comme un crime puni par la loi.

Chapitre Second
Où il s'agit de vous, de moi, d'eux et de nous

Deux articles récents, sortis la même semaine, ont par une formidable coïncidence, résument la situation que nous vivons.

Dans le premier article, des spécialistes du climat s'inquiètent des gaz anesthésiques utilisés par les femmes lors de l'accouchement. Pour eux, ces patientes doivent y aller mollo parce que leur anesthésie peut affecter le climat de cette planète si fragile.

Le second article parle des décorations de Noël du prince Charles. Son altesse sérénissime a placé tellement de lumières, de sapins et de boules dans le jardin de son château, qu'il n'était plus possible de les brancher sur le secteur ; ça faisait tomber le compteur, comme disait ma concierge. Il a donc loué de puissants générateurs diesel que ses employés ont cachés derrière un rideau d'arbres puis ont fait passer des câbles électriques gros comme le bras pour enfin illuminer les décorations.

La veille de ces histoires, Charles avait fait le déplacement à Glasgow pour le sommet du climat (COP 26). Il insistait sur la nécessité d'agir devant l'urgence climatique qui exigeait une action sans concessions pour "préserver cette précieuse planète pour sauver le futur menacé de nos jeunes générations". Il qualifiait la menace climatique d'existentielle. Voici une phrase prophétique : "Nous savons ce que nous devons faire. Avec une population globale qui crée une demande pour les ressources finies de la planète, nous devons réduire les émissions de manière urgente et prendre des actions pour le carbone qui est déjà dans l'atmosphère…". Un peu plus loin, il parlait de la nécessité d'une campagne de "style militaire" avec une dotation de trilliards de dollars. Le discours entier se trouve sur son site officiel.

Pour mieux asseoir l'idée, voici un troisième article parlant du non moins sérénissime patron d'Amazon. Pour lui, dans le futur (quand ?) vivre sur terre serait un privilège. La planète a vocation à être transformée en réserve naturelle. Les humains seraient envoyés sur d'autres planètes pour travailler. Ils vivraient sous des demi-sphères en plastique avec un sandwich végétarien et une bouteille d'eau. Ils bêcheront le sol pour extraire du je ne sais quoi pour une quelconque industrie quelque part. Quand ils ralentiraient la cadence, un ordinateur muni d'une intelligence artificielle leur enverrait une décharge électrique dans le fondement ou réduirait leur approvisionnement en air pour les menacer de suffocation. Non, vous voyez bien que le modèle économique de faire travailler 99% de l'humanité sur une autre planète ne tiendrait pas debout. Rien que l'empreinte carbone des fusées qui les lanceraient dans l'espace serait inacceptable.

Vivre sur terre est donc un privilège. C'est-à-dire un droit réservé à l'élite ; aux 1%. Sur un pays comme la France, on ne laisserait que Paris, moins la Villette. On épargnerait peut-être quelques caves à Reims pour le Champagne. Le reste des traces de civilisation seraient rasées. De loin en loin, au milieu d'une forêt luxuriante pousserait une résidence somptueuse avec ses dépendances pour les heureux domestiques, ses piscines, son hippodrome et sa piste d'atterrissage pour recevoir les visiteurs lors des grandes fêtes ainsi que les livraisons de shopping quand les gamins se lâchent en ligne avec l'American Express.

Pour comprendre les riches, il faut réfléchir comme eux. Quand j'habitais en Suisse, je donnais des cours à des jeunes en difficultés scolaires. Ma tranche d'âge de prédilection se situait dans les 17 à 20 ans. A cet âge, soit ils préparent leur baccalauréat, dit "Maturité" en Suisse, soit ils sont en première année universitaire et galèrent avec les sciences. Parmi mes élèves, j'enseignais une fille qui donnait beaucoup de soucis à ses parents. Quand elle rejoignit l'université de Lausanne, ces derniers ont acheté une maison dans la région pour se rapprocher. Les jours où j'avais cours avec elle, leur chauffeur venait me prendre à la gare puis m'y ramenait plus tard.

Cette fille avait passé toute sa scolarité dans des écoles qui facturent 50'000 Euros l'année scolaire en prix de base. S'ils doivent en plus accommoder le cheval, gérer les sorties au ski, ramener l'instructeur de yoga puis préparer la nourriture selon les conseils du diététicien personnel, la facture dépasse rapidement les six chiffres.

Cette famille était gentille avec moi, me payait convenablement et respectait l'aide que j'apportais à leur fille. Cette dernière s'était habituée à des écoles où on la traitait comme cliente. C'est une manière de dire qu'elle a tout le temps eu de bonnes notes alors qu'elle ne savait même pas faire une addition sans calculatrice. Ces lacunes béantes se justifient par l'atmosphère malsaine qui règne dans les écoles hors de prix. Une mauvaise notation ou une remontrance mal perçue peuvent provoquer le départ de l'élève-client vers une concurrence qui donne du 20 sur 20 en comptant vache.

Une fois que cette fille se retrouve à l'université, elle devient un numéro d'immatriculation parmi d'autres. Dès les premiers signes de catastrophe, son père me téléphone pour requérir mes bons offices. L'Arabe encaissait 25 Francs de l'heure et avait bonne réputation dans toute la région. La fille était intelligente mais pas particulièrement motivée. Puis, à sa décharge, une fois qu'elle a ouvert les yeux sur la situation, le retard à rattraper se mesurait en années lumières.

Vers la fin de l'année universitaire, son niveau était significativement remonté. Pour me remercier, sa famille m'invita à manger dans un resto avec de grandes assiettes contenant de la nourriture qui aurait pu tenir sur une pièce de deux Euros. Vers le dessert, le papa me dit ceci : le problème qu'a eu ma fille cette année est que trop de monde peut aller à l'université. Si on faisait facturer 50 ou 100K par an, ça limiterait le monde en amphi et seuls les "étudiants méritants" auraient leur place. Moi, je suis prêt à payer.

A cette époque, le système universitaire suisse facturait quelques centaines de francs par semestre et je ne les payais qu'au troisième rappel, au coup de minuit, lorsque les menaces de renvoi se précisaient. J'avais face à moi un homme qui défendait un système qui favoriserait des gens comme lui sur la base d'une sélection par l'argent. Il n'y avait pas une once de mépris ou de méchanceté dans cette proposition dont il ne mesurait pas la portée sur des gens de ma condition. Il l'affirmait haut, fort et naturellement. Dans leur monde, c'est logique, c'est normal, c'est naturel.

Ils veulent une sélection par l'argent. Dans les faits, l'argent est sélectionnant déjà. Il ouvre les portes, permet d'accéder au confort, débloque des voies prioritaires sur tous les plans. Mais ça ne leur suffit pas.

De nos jours, l'argent peut acheter beaucoup de choses, mais il ne peut pas acheter le vide ou l'espace ! Un ultra-riche peut recevoir par avion la dernière voiture de sport aux sièges personnalisés par un grand couturier de New York. Au moment où il prend l'autoroute pour la tester, le voici pris dans un embouteillage entre une Renault Espace et un camion polonais.

Il peut toujours rentrer de vacances en jet privé mais si à l'approche il est en cinquième position derrière un EasyJet ou un Ryanair, à quoi bon ?! Une rombière qui paye son billet vers Ibiza pour 37 Euros atterrit avant lui. Il étouffe.

Comme le dit si bien le prince Charles, nous sommes trop nombreux. Dans une certaine mesure, il n'a pas complètement tort. Il voit le monde de sa propre perspective : si chaque personne voulait des décorations de Noël qui se voient depuis l'espace, on ne pourrait jamais avoir assez de jus pour les alimenter toutes. Si tout le monde avait un château principal et des châteaux secondaires avec du terrain pour chasser et des lacs pour pêcher, la terre serait trop petite. Si des milliards de personnes partaient en vacances plusieurs fois mois en jet privé, l'air deviendrait irrespirable. Il faut des limites ; des limites bon Dieu ! Envoyons l'armée s'il le faut.

L'autre avec son histoire de "vivre sur terre est un privilège" ne veut pas passer pour un méchant. C'est pour cette raison qu'il parle d'envoyer les non-privilégiés dans l'espace. Une manière de dire : foutez-les loin ! Sur la lune, sur mars ou sur une comète. Je m'en fiche ! Juste loin que nous puissions respirer entre nous et transformer la terre en réserve verdoyante, paisible et où nous pouvons apprécier notre luxe sans être constamment dérangés.

La NASA estime qu'il faut dépenser environ 20'000 Euros pour lancer un kilogramme dans l'espace. Si on lui permet de prendre sa veste et une petite valise, il faudrait un budget de 2 millions d'Euros pour envoyer un smicard sur la lune où il casserait des météorites à la masse. On pourrait toujours mettre les éclats dans des écrins et leur donner des noms savants pour les vendre sur eBay, ils ne dépasseraient pas les 50 Euros. Non, il n'y a pas de modèle économique surtout quand on considère que le prix d'une balle de 11.43, celle des règlements de compte, ne dépasse guère les 30 centimes TTC. Même en ajoutant le prix du carburant pour le GMC qui transporte les non-privilégiés vers une forêt tranquille, le choix est évident pour des élites au fait des réalités comptables.

Dans la vie, il y a deux types de génocides. Le premier est façon Rwanda. Là, les gens sont travaillés à la machette et balancés dans les cours d'eau. C'est radical mais il ne faut pas avoir horreur du sang. En 1994, au plus haut des massacres des Tutsis, j'habitais à Genève en face du jet d'eau. Je t'assure, en face du jet d'eau ; quai du Mont-Blanc. Une vieille dame très distinguée, madame Ganz, me louait une chambre dans un somptueux appart où elle ne voulait pas rester seule. Elle est morte un weekend. Paix à son âme. En tout cas, quand tu vis à Genève, tu es au milieu de tous les courants internationaux. Le matin, tu vois des familles qui viennent témoigner à l'ONU photos de leurs proches en main ; le soir des barbouzes russes qui utilisent la valise diplomatique pour faire passer de la vodka et des cartouches de cigarettes en contrebande légale en marge de la convention de Vienne.

A Genève, je recevais, parfois de première main, des témoignages sur les tueries du Rwanda. Je recevais également, non moins de première main, les nouvelles des massacres qui se déroulaient en Algérie. Ces derniers montaient en crescendo en bilans et cruauté au fil des mois et des années. Quand tu rajoutes à cela mes amis juifs, qui parfois me racontent leur mémoire familiale durant cette période de l'Histoire dont on n'a presque pas parlé, tu comprends mieux mon univers mental. J'ai un radar à génocide. Les points Godwin qu'on trouve à foison dans ce livre, ce n'est pas pour te casser les pieds mais font partie de mon fonctionnement quotidien. Je ne pourrais jamais devenir un type normal.

Je disais et je redis donc qu'il y a deux types de génocides. Le premier est le sanguinaire ; un truc de primitifs. Il table sur l'éradication physique des personnes. Le second est tout aussi violent mais plus subtil. Ce dernier ne veut pas la mort pour la mort. Ôter la vie, obtenir un électrocardiogramme plat, n'est pas nécessairement le but recherché. D'autant plus que ce genre de plans, il suffit d'étudier le passé, se terminent rarement bien pour les perpétrateurs. Parfois, la communauté martyrisée, même amputée, renaît avec un puissant désir de vie qui surprend ses bourreaux.

Le second type de génocide, celui auquel nous sommes soumis, ne tue pas directement, mais vide la vie de tout son sens. La personne respire, mais ne vit pas vraiment. Elle ne bouge pas. Elle ne sort pas. Elle ne travaille pas. Elle n'a accès à rien. De la part du bourreau, c'est comme si elle était morte. Il ne la voit pas. Il ne la croise pas. Elle ne se manifeste d'aucune façon. Son empreinte de vie, son empreinte carbone, est quasi-nulle. Elle est comme enterrée vivante. Il n'a pas besoin de la tuer. Sur la durée, le temps s'en chargera, mais en attendant, elle est au stade de mort-vivant.

Ça évoque ces femmes qui tombent sur des partenaires abusifs. Il ne peut pas l'occire parce qu'il ferait de la prison. Même si la vie humaine est en soldes de nos jours, il ne veut pas passer devant un tribunal d'assises et se prendre quelques années de prison. Par contre, il peut la détruire sans lui ôter la vie. Certaines femmes qui ont pu réchapper à une relation de ce type, ne se reconnaissent plus dans le miroir. Leur corps est détruit. Leurs yeux ne brillent plus. On y lit l'angoisse et l'effet des médicaments qui les aident à tenir. Ce qu'elles étaient avant ne reviendra pas et elles le savent.

Voici la définition du génocide tel que reconnu par l'ONU et la Cour pénale internationale. Il faut la lire :

« L'un quelconque des actes ci-après commis dans l'intention de détruire, en tout ou en partie, un groupe national, ethnique, racial ou religieux, comme tel :

a) meurtre de membres du groupe ;

b) atteinte grave à l'intégrité physique ou mentale de membres du groupe ;

c) soumission intentionnelle du groupe à des conditions d'existence devant entraîner sa destruction physique totale ou partielle ;

d) mesures visant à entraver les naissances au sein du groupe ;

e) transfert forcé d'enfants du groupe à un autre groupe. »

L'alinéa A inclurait les machettes et les chambres à gaz. Mais on voit que le législateur a été plus loin. Il a compris qu'on peut génocider autrement. Par exemple, en angoissant, affolant, abrutissant et généralement détruisant la santé mentale d'un peuple. Les alinéas C et D sont particulièrement intéressants quand on pense au chemin qu'on fait suivre aux occidentaux postchrétiens. Ils seront abordés plus loin et en détail.

Les élites veulent notre disparition dans le cadre d'un génocide du second type. Tout discours sur le "carbone" renvoie exactement à cela. La combustion d'un hydrocarbure dans l'air, donne de l'eau et du dioxyde de carbone (CO_2). C'est du niveau lycée. Dire qu'on doit limiter les émissions de CO2 équivaut à dire qu'il faut limiter la consommation d'air parce qu'il n'y en a pas assez pour tout le monde. Bien sûr, les élites se gardent de parler d'air parce que ça pourrait mettre la puce aux oreilles de la foule, mais en utilisant le "carbone", l'équation reste mathématiquement avec la même contrainte. Nous serions donc sur un vaisseau spatial avec des cylindres d'oxygène presque vides et des canettes d'absorption de CO2 à bout de potentiel. Nous allons donc tous étouffer collectivement et mourir d'asphyxie.

Le peuple dit : clouons les jets privés au sol. Les riches diront : privons des millions de retraités de chauffage ou de nourriture chaude et ça reviendra au même. Ce sont deux volontés qui s'opposent mais l'argent est derrière la seconde solution.

Il y d'abord une peur sous tendue par une idéologie apocalyptique : l'atmosphère ne peut pas soutenir nos activités personnelles et économiques. Il faudra rationner même l'anesthésie des femmes qui accouchent. Rationner la nourriture, le chauffage, la circulation et même le travail et la production. C'est une voie express vers la précarité et l'appauvrissement. Des entreprises devront fermer non pas à défaut de trouver un marché ou qu'elles n'ont pas de savoir-faire pour rester dans la course économique, mais tout simplement parce que leur énergie sera grevée de taxes qui poussent le prix de revient vers la stratosphère. Elles devront licencier des employés compétents et arrêter des machines qui produisent une marchandise plébiscitée par les clients. C'est un peu comme rentrer dans un restaurant trois étoiles au sommet de sa gloire et exiger qu'il chasse la clientèle, vire les employés et annule toutes les réservations. Pour beaucoup, ceci est déjà une réalité.

Les sommets pour le climat sont des sommets économiques. Contrairement à ce que croient certains naïfs ayant le cœur plus grand que la tête, on n'y parle pas d'écologie. Il ne s'agit pas d'oiseaux migrateurs, d'habitats menacés ou d'océans pollués. Il ne s'agit pas non plus de la pureté de l'air que nous respirons, ni du recyclage des poubelles. On ne s'intéressera pas à la biodiversité, ni à la déforestation, ni aux constructions sur les terres arables, ni à l'agriculture et élevages intensifs…

Ces sommets réunissent des présidents, des têtes couronnées, des dictateurs, des banquiers, des PDG et chefs de cartels financiers et industriels. Pour le côté idéologique, viennent des associations et des militants. Enfin, un happening n'est jamais complet sans la présence d'acteurs, chanteurs et artistes qui viennent exhorter cette forme d'humanité à faire "le nécessaire".

Au COP 26 de Glasgow, fin 2021, les délégués sont venus à bord de plusieurs centaines de jets privés. Au plus haut de la conférence, on comptait 30'000 intervenants venus de plusieurs continents. La police écossaise s'inquiéta même des risques de trafic d'êtres humains parce que des gangs spécialisés commencèrent à faire venir des cars entiers de prostituées dont certaines pas complètement consentantes.

Cette édition était particulièrement festive parce qu'elle arrivait après des années de mandat Trump. Ce dernier a toujours considéré que ces initiatives sont de vastes escroqueries dont le but est de transférer les richesses des classes moyennes américaines vers la Chine et l'Inde. Il avait toujours refusé de leur prêter allégeance comme la doxa actuelle l'exige.

A l'ouverture, des trilliards de dollars sont sur la table. Ce n'est pas un argent réel ou virtuel. C'est un argent potentiel qui viendra de l'appauvrissement des classes moyennes occidentales au profit d'une poignée de milliardaires. Le levier psychologique pour arriver à cette fin est la peur et la culpabilisation. A force de distiller un discours apocalyptique dans tous les médias, les victimes elles-mêmes demandent aux pouvoirs publics de faire quelque chose. Pendant des décennies, on a effrayé la bassecour en agitant le spectre du réchauffement climatique. Les températures moyennes vont augmenter en causant la fonte des glaces et une élévation cataclysmique du niveau de la mer. Pourtant, certains archipels, comme les Maldives, qu'on donnait disparus avant l'an 2000 sont toujours là. Mieux encore, de grands groupes financiers investissent sur leur littoral sans inquiétude pour le lendemain.

Comme les prophéties de réchauffement ne se réalisaient pas, on décida de faire glisser le narratif vers une théorie qui ne peut jamais se démentir : le changement climatique. Comme le climat ne fait que changer depuis des millions d'années, ce phénomène deviendra la pompe à fric idéale. Il suffit de désigner un coupable et de le faire casquer. Le coupable, dans toute la suite de ce livre, sera le Blanc postchrétien (BPC).

Le levier principal de l'action climatique est la taxation énergétique ; son intention : la répartition des richesses. C'est pour cette raison que parmi ses défenseurs les plus vocaux on trouve les militants de la justice sociale qui pensent que les pays coupables-classiques doivent cesser leur développement, renoncer à leur suprématie économique afin de laisser leur tour aux peuples défavorisés. L'Occident est en passe de devenir la première civilisation à se saborder du plus haut de sa gloire pour des raisons purement idéologiques.

Le transfert de richesses, des trilliards, ne sera fera pas depuis le compte de Bill Gates vers celui du chômeur. Le flux se fera dans le sens inverse. Des millions de gens seront privés de l'essentiel : nourriture, hygiène, déplacements, santé, instruction, travail… afin de payer le plus futile pour les élites autoproclamées. Ils seraient capables de mettre des sacs sur la tête de 100'000 personnes si cela pouvait compenser les émissions d'un jet privé qui va chercher un gâteau d'anniversaire ou déposer les copains du petit à la station de ski.

Le plan est simple : la Chine ne bouge pas. Les régimes occidentaux, par contre, s'engagent à taxer leur énergie et détruire les sources fiables comme le nucléaire. Aujourd'hui, un rapide tour du monde montre que les pays qui ont raté le virage du nucléaire civil sont à la traîne. Les besoins électriques de la société moderne sont colossaux. C'est très simple, déménagez dans une ancienne maison et rapidement vous allez connaître la frustration de l'homme moderne : il n'y a jamais assez de prises. Même de nouveaux apparts avec 5 ou 6 prises par chambre finissent par atteindre leurs limites.

Détruire son nucléaire, c'est se reléguer au même rang d'opportunités économiques que l'Iran. Il n'y pas de différence entre un pays qui ne peut pas obtenir du nucléaire civil et un pays qui le détruit par idéologie.

En 2020, la France procéda à la fermeture de la station nucléaire de Fessenheim en Alsace. Elle faisait partie d'un système qui permet au pays de produire une énergie à prix stable et en quantité suffisante pour assurer son indépendance. Les lobbies écologiques allemands y sont pour quelque chose. C'est eux qui ont fait tourner leurs relais en France pour faire pression sur les pouvoirs publics et obtenir des promesses électoralistes pour la fermeture. La France se retrouva immédiatement en situation de déficit énergétique l'obligeant à importer l'électricité depuis l'Allemagne pendant les heures de pointe. Une bonne partie de cette importation est le produit de centrales à charbon. Notez au passage ce schéma omniprésent en Occident aujourd'hui : la relation entre les forces de l'idéologie et les forces de l'argent.

Tout plan de spoliation, commence par l'envoi d'associations vociférantes et agressives. Elles ne représentent que des groupuscules minoritaires sans base solide ou soutien populaire, mais elles sont bruyantes. Elles sont capables de manifester, bloquer des routes, faire bouger les médias sociaux, obtenir de la couverture médiatique… et tout cela en totale disproportion par rapport à ce qu'elles représentent réellement. Ces groupuscules sont souvent financés par de grands intérêts qui ont besoin d'agitateurs alarmistes pour faire avancer leurs agendas. Les associations préparent le terrain et catalysent un chantage qui n'aurait jamais pu fonctionner si les décisions étaient réfléchies et mûries dans la sérénité.

L'Occident est poussé vers l'hystérie et le rapport névrotique à tous les aspects de sa vie. Ses peuples se transforment en troupeaux agités et inquiets. La culpabilité et la peur deviennent des moteurs de la manipulation des foules. Les citoyens occidentaux ont honte et peur d'exister. Ils sont prêts à tout pour réparer, dédommager et obtenir un peu de sérénité, mais ils n'y ont pas droit. Plus ils payent, plus le maître chanteur revient renforcé, plus effronté que jamais et avec de nouvelles exigences. Payez, rampez, payez, rampez… Un jour, il finira par exiger le droit de cuissage et les corps de vos enfants en sacrifice. L'ennemi n'a aucune limite. C'est vous qui les placez.

La fermeture de Fessenheim, va plus loin que le complot allemand pour affaiblir la France et la rendre dépendante. C'est une stratégie poussée par les ayatollahs du climat au profit de ceux qui les manipulent dans l'ombre. Quand on regarde la terre de nuit depuis l'espace, Paris brille plus que Mogadishu. Les yeux fermés, le développement d'un pays est proportionnel à l'énergie qu'il dépense. Ce n'est pas pour rien que la facture électrique de l'hypermarché Carrefour est plus élevée que celle d'Ahmed l'épicier arabe de la cité. Organiser la précarité énergétique par la taxation et la rareté est un suicide national.

A la COP 26, les britanniques étaient particulièrement prolixes. Ils annoncèrent que les températures allaient augmenter à tel point qu'un humain en bonne santé assis à l'ombre trouverait la mort en six heures. La Bolivie appela à la justice climatique. Les tiers mondistes trouvent dans le climat un nouveau ressort de culpabilisation des occidentaux. L'esclavagisme et le colonialisme ont vu leur valeur victimaire plafonner ces dernières années. L'effet flagellatoire du climat tombe à pic. La Bolivie compte parmi les pays les plus corrompus au monde. Ses dirigeants sont impliqués dans du blanchiment d'argent et le narcotrafic. Les droits humains ne sont pas respectés et quand les gens sortent manifester, on leur envoie l'armée avec l'ordre de tirer sous promesse de protection contre les poursuites. En 2019, les élections présidentielles furent truquées. Naturellement, des manifestations éclatèrent partout pour protester. Le régime fit appel aux militaires : 20 personnes abattues en moins d'un mois.

Les dirigeants Boliviens, corrompus jusqu'au trognon, bouffant de l'argent de la drogue, ont l'audace de venir au Royaume-Uni présenter une "facture climatique" aux Occidentaux qui se confondent en excuses. Oui, mesdames et messieurs, si la Bolivie est un pays de merde, c'est de votre faute. Il faudrait qu'on pousse nos peuples vers la précarité extrême pour rétablir la justice climatique. Déjà 100 milliards de dollars sont promis par an dans le cadre d'un fond climatique vert.

Ce n'est pas fini. La France, cocue médaille d'or, s'engage à fermer 14 autres réacteurs nucléaires d'ici 2035. En retour, elle installera des éoliennes importées depuis la Chine. Les jours où le vent ne souffle pas, on s'éclairera à la bougie et on se met au chômage technique. Non, la réalité est que la justice climatique exige la destruction de l'activité économique des pays coupables. Par une taxation punitive de certains peuples, on rendra leur activité professionnelle et personnelle trop chère pour qu'elle ait un sens économique. Les éoliennes ne sont pas une solution de remplacement. Ce sont une consolation permettent aux peuples d'avoir un espoir énergétique quelconque. Une fois que le nucléaire sorti de l'équation, ils seront dans le noir et le froid.

On fait quoi des emplois qui n'auront plus de sens ? Ils seront délocalisés ailleurs chez les peuples épargnés par la taxation punitive. Il ne s'agira pas de délocaliser un atelier de fabrication de cartes postales de Grenoble avec douze licenciements à la clef. Les actions qu'ils préparent ont pour but un exode massif des emplois vers d'autres cieux. Ce sont des pans entiers de l'économie qui seront délocalisés depuis des pays où allumer une lampe sera hors de prix.

La délocalisation des emplois causera automatiquement le reroutage des flux d'investissement, du savoir-faire, de la création, de l'invention, de la propriété intellectuelle, de l'activité indirecte, du revenu de taxation et finalement jusqu'aux arts et métiers.

L'un des papes des politiques climatiques, l'allemand Ottmar Edenhofer déclarait peu avant le sommet de Cancun en 2010, que "De facto nous redistribuons la richesse mondiale par des politiques climatiques. Vous devez vous libérer de l'illusion que les politiques climatiques internationales sont des politiques environnementales. Elles n'ont presque rien à avoir avec les politiques environnementales comme la déforestation ou le trou dans la couche d'ozone".

En 2014, dans un article du magazine Time écrit par Dan Kedmey, le pape François appela à la redistribution des richesses. L'exhortation eut lieu à Rome devant un parterre de dirigeants ainsi que le Secrétaire général de l'ONU, monsieur Ban Ki-moon. Le souverain pontife souhaite que le flux se fasse des riches vers les pauvres. C'est-à-dire de pays comme la France vers des pays comme la Bolivie ; ça ne serait que justice.

Sur le site internet du Vatican, on trouve une lettre encyclique de "sa sainteté le pape Paul VI sur le développement des peuples". Elle date du 26 mars 1967 et elle est très révélatrice de la mentalité de cette institution. Les points 22 et 23 sont des perles : "La terre est donnée à tout le monde, et pas seulement aux riches (22). C'est dire que la propriété privée ne constitue pour personne un droit inconditionnel et absolu. Nul n'est fondé à réserver à son usage exclusif ce qui passe son besoin, quand les autres manquent du nécessaire. En un mot, le droit de propriété ne doit jamais s'exercer au détriment de l'utilité commune, selon la doctrine traditionnelle chez les Pères de l'Église et les grands théologiens. S'il arrive qu'un conflit surgisse entre droits privés acquis et exigences communautaires primordiales, il appartient aux pouvoirs publics de s'attacher à le résoudre, avec l'active participation des personnes et des groupes sociaux (23)."

Dans toutes les discussions sur la redistribution de richesses, le "riche" n'est pas Elon Musk ou Jeff Bezos. Le riche, c'est vous. Le fruit de votre travail, votre propriété privée, n'est pas un droit inconditionnel et absolu. Vous devez partager, par la force s'il le faut. Le terme "partager" est un peu trompeur. Il ne s'agit pas de donner cinquante balles pour dépanner, mais renoncer à tout et permettre le transfert ailleurs. Ceci vous permet de répondre aux questions de type : pourquoi un migrant touche plus qu'un retraité qui a cotisé toute sa vie ? Ou pourquoi on loge des gens qui viennent d'arriver de Lampedusa alors que Marc et son épouse dorment dans une Citroën en panne depuis 2 ans ? Pourquoi le squatteur est protégé par la justice ? C'est la justice climatique qui exige cela. Ces théories sont mises en œuvre et se retrouvent dans les lois et les pratiques qu'on peut constater tous les jours.

Pourquoi des milliardaires occidentaux voudraient appauvrir l'Occident et transférer ses emplois et richesses ailleurs ? Tout d'abord, parce qu'ils ne sont pas occidentaux. Ce sont avant tout des apatrides sans aucun attachement à une Nation particulière. Leur force de frappe dépasse celle de beaucoup de pays. Imaginez un seul homme dans son salon qui concentre plus de pouvoirs, d'influence et de richesses qu'un pays. A ce niveau, il voit le monde comme vous voyez une planche de Monopoly. Les pays sont des cases qu'on achète, qu'on revend ou qu'on collectionne. Les peuples ne sont que de vulgaires jetons interchangeables qu'on utilise en fonction des intérêts du moment. La production et les richesses peuvent être déplacées d'une case à l'autre en fonction de la fantaisie du moment.

L'Europe est l'ancien monde. Les salaires sont trop élevés et le marché sature dans tous les domaines. Le consommateur a atteint la suffisance et le coût d'acquisition du client devient prohibitif. Mettez-vous à la place de ce représentant debout à l'entrée d'un centre commercial pour vendre un abonnement internet. Comment va-t-il faire mouche alors que tout le monde est équipé ? C'est comme vendre une installation d'eau courante ! On peut tomber de temps en temps sur un client qui est en train de construire et qui serait sensible à l'offre au vu de sa situation particulière, mais pour 99.9% des gens, une telle offre n'a aucun sens. Une époque, vers la fin des années 1800, quand les servitudes arrivaient dans un immeuble, on y apposait fièrement une plaque en émail bleu : "Eau et gaz à tous les étages". Certaines de ces plaques sont toujours visibles jusqu'à maintenant mais, pour notre génération, elles paraissent incongrues. C'est comme si on affichait : "toilettes et prises électriques à tous les étages" ou "mon ordinateur a des prises USB ou mon smartphone permet de capter l'internet". Cela va de soi ! Tout va de soi en occident. Le consommateur est suréquipé, gâté et capricieux.

Notre représentant en abonnement internet est obligé de faire du chiffre sur le "déplacement". En d'autres termes, trouver des clients d'autres compagnies et jouer sur leur insatisfaction pour les convertir. Ceci exigera qu'il fasse un effort commercial sur le prix, offre des cadeaux de bienvenue et accepte peut-être même de vendre à perte dans un premier temps.

Pour un investisseur qui possède des actions chez l'ancien et le nouveau fournisseur d'accès, il n'y a pas de gain de clientèle. C'est pire : l'abonné payait 50 Euros par mois chez son ancien FAI puis il bouge chez un autre et pendant un an, on lui fait payer 25 Euros et on lui offre des tickets de cinéma pour signer. Vous appelez cela de la croissance vous ? De la perspective des intérêts économiques qui chapeautent tout le système, on ne voit qu'un jeu à somme nulle où les consommateurs potentiels sont déplacés façon chaises musicales.

Il n'y plus de vraie croissance en Occident. L'exemple de l'abonnement internet, vous pouvez l'appliquer à tous les secteurs. Il faut des sacrifices énormes pour ramener un nouveau client et s'il est nouveau chez le fournisseur où il arrive, il est ancien pour celui qu'il quitte. Même si le marché économique occidental pèse très lourd en valeur absolue, il est sous-tendu par des flux financiers qui ont une addiction pour la croissance. Or comment faire de la croissance éternelle dans un marché bien délimité et de plus en plus saturé ?

Il existe des options de croissance forcée. Par exemple, utiliser des consommateurs captifs qu'on oblige à acheter par un artifice régulatoire. Le politique, par une loi, par un décret ou parfois une simple annonce à la télévision, peut obliger des millions de gens à ouvrir leur portefeuille et acheter des produits dont ils n'ont pas besoin. Dans un registre similaire, au lieu d'utiliser la coercition, on peut recourir à de l'incitation taxatoire en accordant des subventions. Le subventionnement n'est rien d'autre qu'un transfert de richesses des caisses publiques vers des caisses d'opérateurs privés. L'exemple classique est le coup des panneaux solaires. On lança des programmes pour permettre à des entreprises de vendre des gadgets inutiles à des consommateurs bernés. Ces dispositifs n'avaient aucune viabilité naturelle dans un marché libre mais sur un marché faussé, tout est possible.

Au Royaume-Uni, pays de la grisaille éternelle, des représentants en panneaux solaires ont sillonné les campagnes avec des promesses mirobolantes. Vous n'allez plus payer de factures d'électricité ! disaient-ils. La valeur de votre bien immobilier va augmenter par la présence de ces panneaux sur votre toit. L'Etat est derrière nous et il subventionne l'installation.

Une fois que le propriétaire signe les papiers, il est pris au piège. Les panneaux solaires ne sont pas gratuits. Ils coûtent cher et servent de base à un prêt bancaire qui prend la maison comme garantie. Le représentant dit qu'il sont gratuits parce qu'il table sur le fait que les remboursements mensuels seront amortis par la production d'électricité qui sera réalisée.

Une fois l'installation terminée, le propriétaire n'a que les yeux pour pleurer. Le plus souvent, la production électrique est nulle. Tout simplement, il n'y a pas assez de soleil au Royaume-Uni pour espérer un rendement raisonnable. Et souvent, ces panneaux sont de piètre qualité et tombent en panne en quelques mois. Même s'ils ne produisent rien, il faut quand même les rembourser. Le propriétaire se retrouve à payer ses factures énergétiques comme avant et aussi à payer le prêt à la banque.

Contrairement à ce qui était promis, la valeur de la maison n'augmente pas mais elle baisse. En effet, vu qu'il y a un crédit garanti par la maison, l'acheteur potentiel doit également prendre ce crédit à son compte. Or qui voudrait s'embarrasser de panneaux solaires valant sur le papier des dizaines de milliers d'euros à rembourser sur 20 ans alors qu'ils ne produisent strictement rien. La moindre réparation sur le toit exige l'autorisation de la compagnie qui a vendu les panneaux solaires. Celle-ci facturera de fortes sommes pour les retirer et les réinstaller après la réparation.

Beaucoup de retraités britanniques qui avaient à peine fini de payer leur maison et qui espéraient vivre leurs vieux jours avec leur retraite, se sont retrouvés avec d'énormes crédits qui vont les accompagner jusqu'à la tombe.

Un autre moteur artificiel est l'obsolescence programmée. Elle permet de soutenir la consommation en fabriquant des produits avec une durée de vie planifiée pour qu'ils tombent en panne prématurément et soient impossibles à réparer. Quand j'étais enfant, nous avions un réparateur de télévisions dans notre quartier. Quand elle tombait en panne, on la mettait dans une brouette et on la lui laissait pendant un jour ou deux et il la remettait en marche. Elle repartait pour des années. Il faisait également les radios, les téléphones et même le petit électroménager. Vous en connaissez beaucoup aujourd'hui ? Vicieusement, les constructeurs s'arrangent pour que le prix des pièces, la complexité des outils nécessaires et l'opacité technologique rendent toute tentative de sauvetage vouée à l'échec. Maintenant, quand elle a un souci, on la jette et on en achète une autre.

Cette technique de raccourcissement du cycle de remplacement envoie chaque année des tonnes d'objets électroniques aux décharges publiques. Les actions contre cette pratique désastreuse pour l'environnement sont trop timides pour être sincères.

L'obsolescence programmée est pour les petits joueurs. Depuis, on a inventé l'obsolescence légale. Quand j'étais enfant, nous avions des lampes à incandescence qui fonctionnaient très bien. Elles donnent une lumière forte et franche composée de toute la gamme visible. Il n'y a pas d'études sur le sujet, mais cet éclairage a peut-être aidé notre génération à ne pas grandir dans la dépression et la grisaille mentale. Quand les lampes halogènes sont arrivées, personne ne les aurait achetées de son propre chef. Elles paraissaient pâles et la chambre semblait éclairée sans être éclairée. Elles coûtent cher et portent des avertissements inquiétants sur les mesures à prendre en cas de casse en raison du mercure ou autres produits chimiques nocifs qu'elles contiennent. Certaines viennent avec une exigence d'évacuer la pièce et l'aérer pendant au moins 15 minutes en cas de casse. Quant à leur durée de vie, elle n'est ni plus longue ni plus courte que celle des lampes à incandescence. En d'autres termes, elles étaient vouées à l'échec commercial et au classement parmi les curiosités inutiles du concours Lépine. Puis, arrive le législateur et en un coup de stylo, la lampe à incandescence est bannie puis disparut des commerces laissant un consommateur sans aucun choix. Quand on étudie l'économie de marché, on nous explique que c'est un terrain ou des fournisseurs et des consommateurs libres se rencontrent sans entraves et c'est le consommateur qui favorise les meilleurs en achetant leurs produits. Au contraire, les économies dirigées finissent par créer des famines et des désastres. En substituant des fonctionnaires et des bureaucrates au bon sens des gens, on ne peut qu'aller au mur. La planification centrale par le Parti et l'étatisme à tous les étages, c'est toute la tragédie de l'Union Soviétique et pays suivant le même modèle.

Le mal est fait. On ne trouvera personne à notre époque pour discuter du problème de lampes, mais la boîte de Pandore est ouverte. Demain, on pourrait vous interdire un médicament efficace parce qu'il est tombé dans le domaine public et n'a plus de rentabilité. Dans le même ordre d'idée, on pourrait vous imposer autre chose par un simple acte administratif. Une fois que le sacro-saint fonctionnaire sait mieux, il finit par avoir des pouvoirs quasi-divins sur vous et votre vie. Un jour, il pourra définir votre orientation sexuelle, choisir les prénoms de vos enfants, décider avec qui vous allez vous marier, comment vous vous soignez, ce que vous mangez et jusqu'aux détails de vos obsèques quand ce voyage temporel arrive à sa conclusion inévitable.

A propos d'obsèques, les ayatollahs du climat ont inventé une méthode particulièrement dégradante pour les corps des défunts. On sait que dans l'idéal, il faudrait les manger. Cependant, les valeurs conservatrices de la société patriarcale retardent l'adoption du cannibalisme en ce moment. L'alternative écologique est de les liquéfier dans de la soude puis les envoyer dans le tout à l'égout. Le fabricant de la cuve a dissolution, le Resomator, explique placidement aux journalistes qu'il faut que "les attitudes changent" sur la question. En particulier, après qu'il eut maille à partir avec quelques municipalités qui lui ont formellement interdit de balancer son infâme liquide dans les toilettes.

Dans la pièce de Sophocle, Antigone, Créon, le nouveau souverain de Thèbes, décide qu'en guise de punition pour sa rébellion, Polynice ne recevra pas d'enterrement mais sera abandonné sur le champ de bataille pour être dévoré par des animaux. Antigone, une des sœurs de Polynice, défie les ordres de Créon et donne à son frère un rituel funéraire digne. Pour Antigone, priver son frère de rites funéraires était un acte hautement immoral et si insupportable qu'elle transgressa les ordres de Créon au prix de sa propre vie.

Sans jeu de mots, l'écologisme moderne est la dénaturation de toutes les lois de la nature ; il est fondamentalement contre-nature.

Depuis toujours, les humains ont trouvé dans la mort de leurs proches et les rites qui l'accompagnent une entrée digne dans le processus de deuil. Même les peuples les plus anciens ont établi des traditions avec de fortes symboliques marquant le passage dans l'au-delà pour le mort et sonnant un important rappel chez ceux qui restent mais marchent inévitablement vers cette destinée. Les anciens égyptiens avaient construit des pyramides que nous contemplons jusqu'à maintenant. C'est vrai que depuis les pharaons, l'effort sur le décorum funéraire n'a fait que reculer. Nous sommes à la veille de dissoudre la grand-mère et donner la prothèse de hanche en titane au petit pour qu'il joue avec. Ces mesures sont pour insulter, dégrader, rabaisser puis finalement déshumaniser. L'Homme ne doit pas voir l'infini comme destinée mais une chasse que l'on tire sur ses restes qui dévalent dans les égouts. Ceci bloquera sa vision au niveau du matérialisme stérile : si je meurs demain, je rate la sortie du dernier iPhone. D'ailleurs au moment où je mets sous presse, une partie significative du monde Blanc postchrétien végète déjà sous cloche de peur de mourir de Covid.

Certains n'en sortiront probablement jamais tellement la terreur imprimée en eux est forte et sera leur compagnon aussi longtemps qu'ils vivront. Ne sous-estimez jamais le pouvoir de la manipulation. Certains régimes, comme les anglo-saxons, sont tellement bons dans ce domaine que même lorsqu'ils retournent leurs cartes, la victime secouée continue à soutenir le narratif initial. Dès le milieu de la Seconde Guerre mondiale, les Britanniques préparaient un débarquement en Normandie. Par contre, il fallait faire croire aux Allemands qu'il aurait lieu dans le Pas-de-Calais. Tout le succès de cette opération militaire d'envergure et jouable une seule fois, reposait sur cette fausse impression. Un nombre important de manœuvres et d'opérations psychologiques furent mises en place. On poussa jusqu'à comptabiliser les bombardements et s'assurer que le Pas-de-Calais reçut la double ration de bombes. Ceci fut également accompagné de fuites savamment orchestrées pour intoxiquer les données des stratèges du Troisième Reich. Cette mystification a si bien marché, que plusieurs jours après le débarquement en Normandie, alors que des milliers de soldats et de véhicules arrivaient en France, les nazis pensaient toujours avoir affaire à un faux débarquement et que le vrai aurait lieu dans le Pas-de-Calais. Une personne bien manipulée avec les techniques modernes a le cerveau grillé. Elle devient son propre ennemi et l'ennemi de sa famille. Elle vivra avec les mensonges implantés dans sa tête et niera toute réalité qui pourrait apporter une contradiction.

L'interventionnisme climatique génère des monstres comme tous les dogmes animés par une mono-obsession. En 2001, le gouvernement travailliste britannique décida de baisser les taxes sur les voitures diesel. S'en suivit une lune de miel où l'on faisait la promotion à outrance de ces véhicules. Les ventes se multiplièrent par dix alors que chaque constructeur avançait son modèle "D" pour profiter de la manne. Dans les salons, on décorait ces autos en vert et on les présentait comme l'alternative écologique du moment. En fait, là où vous voyez des fonctionnaires distribuant des bons points et de grosses industries danser autour, ne vous posez pas de questions, il y a arnaque. Comment ? Pourquoi ? le temps finit toujours par le dire.

Vous tournez le problème comme vous voulez, le diesel est plus polluant. En plus, le généraliser dans les villes est un désastre de santé publique. Les particules lourdes émises spécifiquement par ces moteurs sont des tueurs silencieux et causent des maladies respiratoires. Les constructeurs le savent trop bien. Si bien que Volkswagen, Mercedes, Ford et d'autres décidèrent d'équiper les véhicules de dispositifs trompant les tests réglementaires. Ainsi, le diesel apparaissait comme émettant 40 fois moins d'oxydes d'azote que la réalité. L'azote est un non métal. Les oxydes de non-métaux sont des anhydrides d'acides. En d'autres termes, dès qu'ils touchent l'eau, humidité de l'air, ou des poumons, ils se transforment en acides. Les oxydes d'azote, une grande famille, donnent de l'acide nitrique et nitreux parmi d'autres. Ils sont toxiques en quantités infimes et ont un effet cumulatif sur la durée.

Le carbone est aussi un non métal. Son oxyde une fois hydraté donne de l'acide carbonique. On en a des kilos dans le corps. Il est dissous dans le sang. Il est fixé sous forme de carbonate dans les os et on trouve à un taux de 4% dans l'air qu'on expire ! C'est un gaz vital qui fait partie du fonctionnement naturel des humains, animaux et végétaux. C'est ce gaz qui est au centre de l'obsession climatique ! Comme les diesels émettent un peu moins de dioxyde de carbone, une fois qu'on cache leur pollution de particules lourdes et d'oxydes d'azote, ils deviennent un outil écologique parfait.

La pollution des diesels est connue depuis leur invention vers la fin des années 1800. Les constructeurs automobiles n'ont pas falsifié pour tromper l'Etat ! Comment puis-je tromper les autorités sur des choses qui sont de notoriété publique ? C'est sur Wikipédia ! Il s'agissait tout simplement d'une collusion entre le secteur privé et l'administration. Le privé se fait de l'argent et l'administration répond aux demandes idéologiques des groupes de pression.

Quand l'affaire éclate au grand jour, elle donne lieu à des procès que les constructeurs continuent à solder à coups de dizaines de milliards. Les milliards vont chez l'administration qui a initialement encouragé et favorisé le contexte de ce scandale ! Puis des politiciens ont l'audace de venir dire : on comprend mieux maintenant les émissions des moteurs diesel et c'est pour cette raison que nous devons les bannir dans les villes ! Oui, mesdames et messieurs, nous avons attendu l'an de grâce 2015 pour comprendre que les moteurs diesels polluent plus.

Tournez le problème dans tous les sens, les interventions sous couvert de climat ne sont que des manipulations malveillantes pour fausser la donne et créer une économie planifiée centralement. On veut détruire l'économie des pays occidentaux et la transférer vers là où elle peut donner de la croissance à deux chiffres. Dans les pays à la traîne, il y a une démographie explosive et des milliards de consommateurs potentiels vivant dans le dénuement et manquant de tout. En plus, par l'accès aux médias sociaux, ils sont exposés aux publicités et influences autour de produits dont ils ne peuvent que rêver. On peut les transformer en consommateurs à part entière, mais il faut leur fourrer l'argent dans les poches. C'est ce qu'on fait avec un certain succès en important des migrants et en leur offrant une prise en charge totale mais l'hostilité croissante des populations d'accueil entrave ce projet. En plus, si ces migrants commencent à envoyer l'argent par mandats Western Union à leurs familles restées au pays, c'est un manque à gagner pour le marché qui s'attend à ce que les aides sociales aillent soutenir la consommation.

Malgré la réflexion autour d'arguments purement économiques dans ce chapitre, n'oubliez jamais une chose : il ne s'agit pas uniquement d'argent. Oui, quand on lance un plan il faut le monétiser pour que les intermédiaires y trouvent leur compte et participent. Mais si vous montez tout en haut de la pyramide, le but n'est pas uniquement d'accumuler plus de richesses. L'objectif premier reste la destruction de l'Occident pour des raisons purement idéologiques. Tout le reste, ne sont que des étapes transitoires pour aller vers cette fin.

Ce qui est triste est que les victimes elles-mêmes supplient les bourreaux de faire avancer l'agenda plus vite. Des gamins de lycée et d'école primaire interpellent les pouvoirs publics pour demander qu'on sauve leur avenir. Qu'un milliardaire pense que nous sommes de la vermine qui pullule sur terre et que nous devons nous terrer dans nos domiciles froids et obscurs est une chose, mais que des citoyens en conviennent et exigent de la servitude, ça dépasse l'entendement.

La seule réponse qui sera apportée, c'est de la taxation punitive qui leur réservera un avenir de privations et de précarité. Les plans qui sont tracés menacent jusqu'à la sécurité alimentaire. Demandez à ceux qui travaillent dans les prisons, les pires assassins sont ceux qui reçoivent la plus grande quantité de courrier d'admiration. Les plus médiatisés finissent par des sacs postaux qui perturbent le fonctionnement de l'administration pénitentiaire. Dans le même ordre d'idées, une idéologie aussi pourrie et meurtrière soit-elle, finit invariablement par attirer son lot de collaborateurs et d'idéologues souhaitant y participer. En 2019, le scientifique suédois Magnus Soderlund annonça que nous devons "briser les attitudes conservatrices" sur le cannibalisme. Pour lui et ses semblables, nous devons nous habituer à manger les cadavres de nos morts pour sauver le climat. Il suggéra qu'en goûtant des petites quantités de chair humaine, nous pourrions nous débarrasser de l'aversion qu'elle nous inspire. La couverture médiatique complaisante que reçut cette idée vous dévoile un pan de l'idéologie de ce mouvement.

Manger du cadavre n'a qu'une raison d'être salir et avilir l'humanité. Il n'y a rien à manger dans un être humain d'autant plus que, contrairement à nos amis les bêtes, les êtres humains meurent souvent dans un milieu hospitalier ou on pompe de grandes quantités de médicaments dans leur corps. C'est pour cette raison que les éleveurs de bétail sont très limités dans les médicaments qu'ils peuvent utiliser. C'est qu'on ne veut pas que ceux-ci finissent dans la chaîne alimentaire. Qu'avez-vous à manger dans un vieux monsieur qui a fini sa vie sous chimiothérapie ? Tous les morts de la terre ne suffiraient pas à changer de manière significative ou même perceptible les émissions de carbone. Par contre dans ce cannibalisme, il y a une très forte symbolique destructrice.

Toujours sur le plan nutritionnel, loin de l'anthropophagie, il y a ceux qui nous voient en insectivores. Comme les vaches et les cochons sont de grosses sources de "carbone", il faudrait les réserver à nos élites et leurs rejetons. Pour nous, on nous propose du pâté à base de cafards, de criquets, de vers, de chenilles et de grosses mouches. Rien que le ténébrion meunier produirait, à poids égal, 1% des émissions d'une vache. Sa larve, dite "ver de farine", peut atteindre la longueur de deux phalanges. Une fois séchée et broyée, elle produit une poudre riche en oméga 3, oméga 6 et vitamine B12. On peut la mélanger à du lait d'amande et elle peut être consommée sans cuisson façon bouillie. Et quand vous en avez ras le bol de l'entomophagie, vous pouvez toujours faire les poubelles de vos seigneurs les lendemains de jours de fêtes. Avec un peu de chance, vous y trouverez une cuisse de poulet, un filet refusé par un convive parce que trop cuit et le couvercle d'une boîte de caviar que vous pouvez lécher.

En 2021, les grandes surfaces britanniques commencent à promouvoir de manière agressive des produits succédanés à base de plantes. À côté du steak, des saucisses, de la viande fumée… on trouvera des produits prétendant les remplacer. Le plus souvent, il s'agit de pâtes de soja parfumées et réformées pour essayer de donner l'illusion. Ces derniers temps, l'idée a été poussée au grotesque avec ces succédanés envahissant tous les rayons et proposés à des prix élevés. Voici une prévision, dite "théorie de la conspiration", incluse gratuitement dans le prix de ce livre. A terme, les succédanés seront imposés à un consommateur captif. Les produits naturels seront inaccessibles. Comment ? Soit par l'interdiction pure et simple, soit par la taxation à outrance des produits naturels. Ainsi, le succédané occupera la place et la fourchette de prix du naturel.

Notez au passage, la terminologie utilisée ! Si un ami vous invite à manger, il va vous préparer des pâtes à la sauce tomates, ou une pizza aux épinards, ou il vous servira un sorbet au citron avec un café allongé… Tous ces aliments, sont techniquement "aux plantes" mais ça ne viendrait à l'idée d'aucune personne de les décrire ainsi. Personne ne dirait "j'allume le four puis cuire un plat aux plantes que j'ai préparé cet après-midi" ou bien "Je fais bouillir de l'eau pour cuire des plantes". L'humain utilise un langage clair et précis pour parler de sa nourriture. C'est qui lui permet de savoir si elle rentre dans le cadre de ses goûts, ses préférences, son régime alimentaire, ses allergies, ses restrictions médicales, ses limitations religieuses… etc. Utiliser le terme "plante" est forcer un vocabulaire artificiel et habituer les gens au langage indifférencié. C'est comme la maman qui est fatiguée des caprices de l'enfant va lui dire : tu manges ce qu'il y a. Je ne te dis pas ce que j'ai préparé. Mange et tais-toi ! C'est comme après des siècles d'art culinaire, on nivelle notre vocabulaire et par conséquent notre choix au dénominateur le plus réducteur : des plantes.

Si vous cherchez sur Forbes, Bloomberg, Fortune et le reste de la presse économique, vous allez découvrir sans peine un groupe de compagnies américaines produisant de la viande synthétique. On y compte Hampton Creek Food, Memphis Meats, Beyond Meat, Impossible Foods… et elles ont toutes un point commun : Bill Gates a investi dedans. Maintenant, il appelle à un changement régulatoire pour forcer les viandes synthétiques au consommateur afin de "sauver le climat". Vous avez tout compris du business plan de ces milliardaires. C'est du capitalisme bureaucratique. Au lieu de suivre les lois du marché, l'offre et la demande, il travaille avec un consommateur captif et forcé. Ils investissent dans n'importe quel secteur sans aucune viabilité commerciale, puis utilisent la corruption et l'influence pour manipuler le marché en leur faveur. Les acteurs classiques se retrouvent écartés par le jeu de taxes confiscatoires, de réglementation paralysante voire d'interdiction pure et simple. Leur poulain sans viabilité naturelle reçoit de la pub gratuite *ad nauseam* dans les médias puis des lois arrivent et rendent son produit obligatoire.

Il ne faut non plus croire qu'un Bill Gates ou similaire manipulent votre assiette, votre santé et vos idées uniquement avec leur argent. Oui, l'argent est important, mais tout seul il ne suffirait pas. Imaginez-le arriver dans le bureau d'un Premier ministre lui disant : si tu interdis la viande aux citoyens de ce pays, je fiancerai ta campagne électorale pour que tu puisses devenir président. On prendra bien soin de toi. Ton fils, celui qui va finir l'université, je peux en un texto le catapulter cadre supérieur dans une banque à New York ou à Washington… Autant, un corrompu est séduit par cette proposition, autant elle n'est pas réalisable sans un peuple mentalement préparé. Il existe une règle qui se vérifie toujours. Vous pouvez l'écrire sur la pierre : *les forces de l'argent arrivent toujours après un travail de sape idéologique de longue haleine.*

Des milliers d'articles de presse, d'émissions télé, de points de news, de livres, de scènes dans des films, de prises de position de célébrités… pour faire avancer l'idée dans le public et, comme ils aiment le dire, *changer les attitudes*. Dans ce cas précis, la viande naturelle c'est mal. La viande synthétique c'est bien. Mais dans l'absolu, ça pourrait être n'importe quelle autre idée que les élites veulent promouvoir pour fructifier leur fortune déjà colossale. Ajoutez à cela la culpabilisation, la peur, le discours apocalyptique, la moralisation… et vous finissez avec un projet qui tient la route. Au bout de quelques années de propagande, les excréments commencent à s'accrocher au mur. C'est-à-dire que le public manipulé commence à s'approprier l'idée et embrasser le projet. Ça peut commencer par un ami qui s'affiche fièrement sur Facebook avec un steak de soja ou de vermine. Puis, si vous critiquez, on vous traitera de facho ou d'égoïste qui s'en fiche de la planète. La culpabilisation jouant, si vous faites un barbecue, vous n'osez pas partager les images. Socialement, ça devient doucement limite ou inacceptable. La suite se fera à l'école. Ou les enfants et les ados travaillés par leurs profs commencent à exiger qu'on fasse quelque chose pour le climat. Il faudrait tout un livre pour traiter de la folie de profs lâchés sur les plus petits…

Le public manipulé commence à demander qu'on lui interdise la viande et qu'on lui impose le synthétique. C'est à ce stade que Bill Gates et similaires arrivent dans les bureaux des politiques. Cette fois, l'argent parle mais le politique gagne sur les deux tableaux. D'une part il empoche les pots de vin et les avantages, puis il gagne des points électoraux en promettant à la population angoissée par des années de mensonges d'agir dans le sens que leur dicte leurs phobies.

*

*   *

*

Une autre option à l'étude est le contrôle par monnaie digitale. L'idéologie c'est bien, mais il faut également des outils techniques pour un contrôle total et absolu. La monnaie digitale n'est pas la même chose que payer par carte bleue ou par chèque. Elle va bien plus loin que la simple dématérialisation de l'acte de paiement. Le billet de 20 Euros est une note au porteur. Même si vous le trouvez par terre, vous pouvez l'utiliser sans limites. La caisse enregistreuse se fiche pas mal d'où vient le billet. De ma poche, de la tienne… c'est la même chose. Le paiement par carte n'est pas encore de la monnaie digitale. C'est tout simplement un changement de support. Au lieu d'avoir le billet de 20 Euros, on a une carte bleue, un code et un compte où se trouvent les 20 Euros. Lors de la transaction, le commerçant se fiche pas mal de quelle carte bleue sort l'agent. Du moment que la transaction est authentifiée par PIN et que le terminal accepte la transaction, la marchandise est libérée. Si dix personnes vont au même magasin et remplissent leurs caddies avec exactement les mêmes produits, le total en caisse sera rigoureusement identique pour tous et quel que soit le moyen de paiement ; espèces, carte, chèque…

La monnaie digitale, c'est encore autre chose. C'est de l'argent électronique associé à un profil ; le vôtre. Ce profil pourrait être fiscal, par exemple. Dans ce cas, il permettrait une taxation personnalisée. Le client devant vous achète un steak et paye 10 Euros. Pour vous, le même produit s'affiche à 25 Euros parce que votre consommation est frappée d'une TVA croissante. Cette taxation dynamique permet également d'envisager des quotas ou des rationnements individualisés. Par exemple, votre premier litre d'essence vous coûtera un euro mais il faudra débourser 8 Euros pour le millième litre.

Les potentialités de taxation et de contrôle comportemental sont infinies. Or, c'est dans cette direction que va l'Occident. Tout ce qui permet de capter le fruit du travail des populations est bon à prendre et sera mis en place dès que la technologie le permettra. En général, dès que la technologie est prête, on lance un vaudeville avec intervention des médias et coups d'éclats. Une fois le problème posé sur la place, l'hystérie ambiante interdit toute discussion. Le public demandera "la solution" au problème et les politiques la sortiront d'un chapeau. Un vote plus tard, l'Assemblée validera. Le Conseil Constitutionnel n'aura rien à redire. Puis, on diabolise quelques opposants. On ferme des comptes sociaux et le tour est joué.

La liberté est détruite comme ces exécutions chinoises : à mille coups de lame. Mais il ne s'agit pas uniquement d'un problème philosophique de Liberté. C'est plus profond. Prendre la liberté d'une personne, la mettre en prison, est un acte coûteux. Selon l'Observatoire International des Prisons, une mise en détention coûte 32000 Euros par an par personne incarcérée. Dans le même ordre d'idées, transformer la société en prison à ciel ouvert avec caméras, murs, surveillants… coûte cher également. Donc l'Etat et les élites à sa tête n'a pas pour vocation primaire de supprimer nos libertés juste par vice. Si vous regardez bien, les libertés que nous perdons sont systématiquement conditionnées. En d'autres mots, elles deviennent payantes. C'est comme si je venais cambrioler votre appartement cette nuit et que demain je vous appelle pour vous revendre vos biens ou vous les louer. La liberté est un bien intangible mais vendable quand même.

Un des grands mensonges de l'Histoire a été l'abolition de l'esclavage. L'esclavage n'a pas été aboli. Il a changé de face et cessé de suivre des frontières raciales pour suivre des frontières de classes puis celles de l'hyperclasse.

On s'imagine souvent que l'esclavage voulait dire prélever des personnes en Afrique, les tasser dans des bateaux insalubres, puis les mettre au charbon dans des champs de coton, de café ou de blé. Ils travaillent gratuitement et sous la contrainte. Tant que vous avez cette fausse définition en tête, jamais vous ne comprendrez ce qu'était l'esclavage et surtout comment il se manifeste de nos jours.

Un document analysé par le Collège de Saint John de l'université de Cambridge donne une réalité intéressante de la traite humaine britannique. Il s'agit d'une facture pour 54 esclaves achetés ; un mélange d'hommes et de femmes. La transaction eut lieu en 1797 et l'acquéreur paya £5100 de l'époque, c'est à dire plus d'un demi-million d'aujourd'hui. C'était une belle affaire mais le lot comportait pas mal d'enfants. Si on regarde aux Etats-Unis, les chiffres sont encore plus parlants. En dollars constants, on parle de $60'000 par tête en 1809 jusqu'à $184'000 en 1859. Si l'esclave possédait un métier, ceci augmenterait considérablement sa valeur marchande : +55% pour un maréchal ferrant, +45% pour un menuisier, +20% pour un cuisinier… D'autres caractéristiques comme l'évasion, le vice, le handicap ou l'âge avancé pouvaient significativement baisser la valeur.

En plus de son prix d'acquisition, l'esclave avait des coûts d'opération incompressibles. Il fallait le loger, le nourrir, l'habiller et le soigner. Ces frais étaient nécessaires même quand la production était ravagée par une mauvaise météo ou que le marché s'écrasait sous le poids de la spéculation. En plus, si l'esclave tombait malade ou mourrait d'une crise cardiaque avant d'avoir rentabilisé son propriétaire, ce dernier devait le mettre dans la case des pertes sèches.

En tout cas, vers le début des années 1860, la demande mondiale en coton, qu'on préférait à la laine, fit exploser la demande de main d'œuvre. Le prix de l'esclave jeune et vigoureux atteignit celui de… l'homme libre. Ça veut dire qu'à partir de ce moment-là, il devenait plus rentable de payer des salaires sans devoir avancer un capital d'acquisition. En plus, en cas de mauvaise saison, il est plus facile de licencier les salariés et de les laisser à la charge de la collectivité. L'abolition de façade de l'esclavage arriva aux USA en juin 1865. A ce stade, le pays comptait 4 millions d'esclaves d'une valeur moyenne de plus de 200'000 Euros par personne rien qu'en coût d'acquisition. Le marché collapsa de lui-même bien plus qu'il ne fut aboli. Dans d'autres pays, il continua un peu plus longtemps jusqu'à ce que les mêmes impératifs économiques en sonnent le glas.

Pour les propriétaires, l'abolition de l'esclavage fut une libération. Les frais de vie de l'esclave lui furent versés en tant que salaire. C'est ce qu'on appelle le SMIC en France. Mettez-vous à leur place. Vous préférez payer le SMIC à un employé ou bien 200'000 Euros de prime de recrutement plus dépenser un SMIC pour s'occuper de lui ? Par la suite, l'esclave s'appelle employé et ne peut pas aller trop loin. Sa seule liberté sera de choisir son patron et encore.

Institution plurimillénaire, l'esclavage venait de s'effondrer. On profita de l'occasion pour remplir des livres de bons sentiments à l'intention des écoliers. Oui, on décida de libérer les esclaves parce qu'on s'est réveillée à l'aspect raciste et inhumain de leurs conditions de travail. Les nordistes étaient contre l'esclavage et ont donc fait la guerre aux esclavagistes du Sud pour obtenir la libération des esclaves…

Un des éléments récurrents avec les Américains, est qu'ils ne mentent pas petit. Ils balancent du lourd et le défendent par leur machine de propagande jusqu'à ce qu'il devienne une forme de réalité. Genre : nous avons été sur la lune ! Rien de moins.

Allons à New York dans les années soixante. Cet État faisait partie de l'Union. C'est-à- dire un Etat nordique pur sucre. Il a même fourni de grands contingents militaires pour mater les sudistes. Pour défendre les noirs qui souffraient en cueillant le coton n'est-ce pas ?

En 1964, l'État Fédéral US fait passer une loi pour mettre fin à la ségrégation. C'est ce qu'on appelle le "Civil Rights Act". Les autorités de l'Education de New York vont passer une série de lois à portée locale afin d'empêcher toute forme de mixité raciale dans les écoles de cet Etat. Il a fallu attendre 1969 pour que ces lois newyorkaises soient déclarées inconstitutionnelles mais l'imagination de l'administration permit de continuer la ségrégation par d'autres moyens. Jusqu'à nos jours, New York a, de facto, des écoles fortement ethniques.

L'État hyper progressiste de New York ! Cet État dont les armées faisaient la guerre un siècle auparavant pour défendre les Noirs… Elle ne tient pas la route cette histoire.

L'esclavage n'a jamais été aboli. Un système qui existe depuis des millénaires et a été pratiqué et défendu par des dynasties entières, ne s'abolit pas sur un coup de stylo. Au contraire, il a été généralisé. Pourquoi on met le noir en esclavage si on peut le faire pour tous peu importe leur couleur de peau ?! Fini le racisme. Tout le monde part au champ de coton et bosse jusqu'à ce que mort s'en suive. Il suffit de le renommer et le cacher derrière un set de procédures nouvelles et la majorité des gens n'y verront que de la fumée et des étincelles.

Il existait une procédure permettant aux esclaves d'acheter leur liberté et de devenir des affranchis. Généralement, y accèdent ceux qui avaient développé des métiers rentables leur permettant de gagner plus d'argent que le coût de location perçu par leur propriétaire qui les plaçait. L'extra pécule que l'esclave percevait, s'il le mettait de côté pendant deux ou trois décennies lui permettait d'être à la tête d'un capital lui permettant d'acheter sa liberté et celle de sa famille. Ils recevaient un pass leur permettant de circuler. Ils devaient le montrer chaque fois qu'on demandait à vérifier leur statut.

Pour le propriétaire, c'était une manière de rentrer dans ses frais et aussi laisser partir un esclave qui a été utile mais qui s'approche de l'âge de la retraite.

Quand les jeux électroniques sont sortis, on payait une somme unique permettant d'accéder à toutes les fonctionnalités. Ce temps est révolu. L'arrivée de l'internet puis des objets connectés comme les tablettes et les téléphones, créa une mutation profonde dans le domaine des jeux. Cette industrie du jeu pèse plus de 5 milliards d'euros en France (Syndicat SELL) et monétise la moindre action. Il faut payer pour passer les niveaux, accélérer le développement d'un personnage, acheter un outil virtuel, passer un obstacle impossible… Bienvenue au monde de la microtransaction. Les autres éditeurs de logiciels ne sont pas en reste. Ils sont nombreux aujourd'hui à ne plus offrir de licences perpétuelles. Le logiciel se vend en tant que service. C'est-à-dire sur abonnement permanent. Il ne sera jamais à vous. Vous devez constamment payer pour le privilège de l'utiliser. Si vous ne faites pas gaffe, c'est toute votre vie qui deviendra ainsi.

Dans le même esprit, l'esclave d'aujourd'hui n'a pas besoin d'un gros capital pour acheter sa liberté. Si on vous demandait soudainement un ticket de 200'000 Euros à payer à l'Etat pour être une personne affranchie, ceci vous mettrait la puce à l'oreille. En fait, votre liberté est confisquée puis on vous la revend en tant que service sur le modèle des microtransactions des jeux vidéo ou des logiciels sur abonnement. Ces transactions nombreuses finissent par totaliser des chiffres ahurissants.

L'esclave affranchi avait payé une forte somme mais au moins on lui foutait la paix. Jusqu'à sa mort, on ne lui demandait plus de repayer ou de renouveler sa liberté. Il avait une licence perpétuelle. Celle-ci a été abolie depuis. Il faut constamment payer des microtransactions de plus en plus étouffantes. Vous voulez vous chauffer ? Il faut payer l'énergie plus une forte taxe par-dessus correspondant à un droit de se chauffer. Vous voulez faire 100 km en voiture ? Il va falloir en payer 500. Ceci vous donnera 100 km dans le réservoir et 400 dans la poche de votre propriétaire qui empoche 4 fois plus que le pompiste juste pour exercer sa prérogative de consentir à votre déplacement… Sur tous les domaines de la vie quotidienne, il en est ainsi. Prenez un livre de langue avec 300 verbes de la langue française et essayez d'en trouver un qui corresponde à une action qui ne soit pas payante. De plus en plus, le spectre de la microtransaction s'insinue dans tous les aspects de la vie.

Le verbe est devenu taxe.

La monnaie digitale en projet un peu partout en Occident c'est la transformation de la vie en jeux vidéo à actions payantes. En plus, avec le développement incrémental du débit de communication, on pourrait aisément imaginer une vie sous contrôle total et de taxation absolue. Quand on lit la presse des années 1940/1950, les intellectuels avaient peur de l'atome. L'entrée dans l'âge du nucléaire les faisaient flipper dans un contexte de Guerre Froide entre USA et URSS. Notre atome à nous, c'est la 5G. La technologie n'est plus une promesse d'une vie meilleure, mais de plus de servitude à des forces invisibles. Elle ne va pas nous transformer en zombis mangeurs d'humains, mais elle donnera à l'Etat de nouvelles solutions de contrôle et de privations. Tant qu'il n'y aura pas de protections constitutionnelles contre la technologie, il en sera ainsi. De telles protections ne sont pas offertes mais elles viendront après des grands crimes ou de grandes guerres. En attendant, lorsque Intel ou AMD sortiront un processeur 50% plus rapide, votre liberté baissera de 0.5%. Tôt ou tard, un cueilleur de café de l'an 1820 en Louisiane aura plus de liberté que vous. C'est peut-être déjà le cas.

Cette monnaie digitale portera votre nom une fois qu'elle arrivera sur votre compte. Elle ne peut pas se dépenser sans le passage à travers un profil qui définit votre taxation individualisée, vos quotas et vos restrictions personnelles. On parle aussi d'une date d'expiration pour forcer la dépense et la consommation. On pourrait forcer le paiement d'une partie ou de la totalité de votre salaire en Euros digitaux expirables. Si vous ne les dépensez pas dans les 3 mois, ils s'effacent de votre compte.

Bien sûr, vous pouvez toujours imaginer que si on vous interdit d'acheter un steak, vous pouvez toujours demander au copain végétarien de vous passer son quota. Pareil pour l'essence. Il suffit d'aller voir le neveu étudiant et d'échanger avec lui : il prend le quota alcool et il donne le quota carburant. Ces échanges sont inclus dans la monnaie digitale. Elle permet même de créer des plateformes, genre eBay, animées par l'Etat ou on vient vendre et acheter des quotas. C'est ainsi que fonctionne le marché du carbone selon le principe "cap and trade". Ceci se traduit par "restreindre et commercer". En clair, on arrive quelque part et on crée une restriction réglementaire artificielle puis on oblige les opérateurs à s'échanger les quotas dans un marché ou on prend sa part au passage.

Imagine que j'arrive sur une plage et que je décrète que - pour protéger les poissons - nul n'a le droit de se baigner plus de 15 min par jour. Si vous voulez rester une demi-heure, il va falloir acheter des droits de baignade chez des gens qui n'ont pas été en mer ce jour-là. Ceci permet la création d'un marché qui sera animé via une plateforme. Elle permet à ceux qui ont créé le système restrictif de gérer des portefeuilles de droits de baignade et de prélever des taxes sur les ventes. C'est en quelques mots toute la perversité du système cap and trade.

Il ne crée aucune valeur et ne protège rien du tout. C'est tout simplement un système de captation et de restriction. Il est sur le même modèle que le système de racket qu'opéraient les mafias italiennes. Le restaurateur, l'épicier ou le garagiste doivent payer pour leur protection. S'ils refusent, les ennuis commencent. Jusqu'à nos jours, dans les pays lourdement bureaucratiques, les constructeurs, les dirigeants d'entreprises et autres entrepreneurs subissent le même chantage. S'ils ne payent pas des fixeurs, l'administration se chargera de les briser et de les pousser à mettre la clé sous la porte.

Quand il s'agit du carbone, le système permet d'acheter des droits d'utiliser de l'énergie ; donc le droit de travailler et de produire. Dès sa création, il fut naturellement pris en charge par des mafias qui se firent des milliers de milliards sur votre dos. Le procès qui s'ouvrit en 2016 ne toucha qu'une infime partie du volume des fraudes et des trafics. Le système causa même une augmentation de la pollution tout en enrichissant les cyniques et les mafieux armés par l'Etat et lâchés sur la société civile dans son ensemble. Combien de petits retraités doivent-ils vivre avec doudoune et gants à la maison pour qu'un lobbyiste remplisse une baignoire de champagne pour crâner devant ses prostituées d'un soir ? Combien de gens doivent-ils encore chercher une situation stable à 45 ans pour payer la cocaïne que sniffent ces nantis entre les fesses de traînées à 10'000 Euros la nuit ?

N'oubliez jamais que ces gens vous considèrent comme de la vermine et nient votre droit d'exister, de mener une vie paisible et d'aspirer à un peu de dignité. C'est tout pour eux, rien pour les autres. Votre bien le plus précieux, serait-ce la vie de votre propre enfant, valent infiniment moins à leurs yeux que leur joie à fumer un cigare ou déshabiller une putain. Et même cet exemple violent est bien en dessous de la réalité.

Autre vice des Etat occidentaux, c'est la monétisation des problèmes. L'Etat ne se perçoit plus comme un organisme dont le rôle est de gérer la cité et de régler les soucis qui se posent dans l'intérêt de tous. Au contraire, il nous voit comme une espèce nuisible et envahissante et se fait de l'argent en capitalisant sur nos difficultés. Il ne se voit plus à notre service mais nous perçoit comme des parasites responsables de tous les maux de la terre et la solution consiste à nous punir par le portemonnaie. Le cercle vicieux se referme lorsque l'Etat constate que plus la situation est pourrie, plus elle offre des opportunités de taxation punitive et comportementale. On laisse donc les problèmes s'exacerber et on va jusqu'à les créer parce que ça rapporte. L'administration n'a plus intérêt à résoudre quoi que ce soit. On trouvera difficilement un chemin plus direct vers la décadence.

Après les attaques au couteau, l'autre plaie de la ville de Londres c'est les embouteillages quasi-permanents. En temps normal, il faut des nerfs d'acier et une grande détermination pour conduire dans cette capitale, mais quand des travaux, manifestations ou déviations se greffent dessus, le chaos est assuré. Cette situation cause des pertes massives de productivité, de temps humain ainsi qu'une pollution exacerbée par des véhicules roulant au pas. C'est un problème collectif et il exige des solutions qui permettent de fluidifier la circulation.

Réponse de la mairie ? Ils ont inventé une taxe d'embouteillage. Donc non seulement les gens sont coincés dans le trafic mais en plus ils doivent payer. En 1985 ou 1995, il aurait fallu envoyer des caissiers frapper aux vitres des voitures bloquées dans les carrefours. Malgré l'attitude flegmatique des Anglais, ces préposés auraient été régulièrement chassés et la blague tournée court. Il faut attendre 2003 pour que la technologie permette l'arrivée de caméras de surveillance connectées et capables de lire les plaques d'immatriculation. Le basculement dans la surveillance globale post 11 septembre 2001, a attiré des investissements massifs et viabilisé le secteur de la chasse à l'homme. Dès 2003, il fallut payer pour chaque visite à Londres : £15 le privilège.

L'Etat agit littéralement comme les coupeurs de routes. Les ordinateurs et équipements sophistiqués ne doivent pas nous faire oublier la vulgarité du forfait. Comme complices, la mairie utilise IBM et Siemens. Siemens faisait tourner des usines à l'intérieur du camp d'Auschwitz. Si vous cherchez dans l'encyclopédie de l'Holocauste, ils ont même une jolie photo de l'atelier. Quant à IBM, ils sont un allié de la première heure du régime nazi. Dès l'arrivée d'Hitler au pouvoir, ils ont renforcé leur alliance avec son régime via leur branche allemande Dehomag. C'est elle qui fabriquait des cartes perforées pour la gestion des données des prisonniers politiques et autres déportés. Cette technologie permit à Hitler de lancer un recensement national en 1933 et extraire les données des juifs, roms et autres minorités à persécuter. Le revenu des contrats était viré à IBM New York en transitant par Genève.

Je ne mets pas sur le même plan moral les crimes passés avec les forfaits d'aujourd'hui, mais il est important de rappeler sans cesse que les entreprises, de manière générale, sont des personnes morales et n'ont pas d'âme. Elles cherchent toujours à s'afficher avec des associations, des causes humanitaires ou des mouvements idéologiques pour s'acheter une vertu, mais au fond, elles gazeraient la veuve et l'orphelin s'il y avait de l'argent à se faire.

Les mamelles du totalitarisme occidental sont simples et prévisibles. Au nombre de 3 :

1 - La surveillance totale et globale : Au fur et à mesure que la technologie avance, des prétextes seront inventés et médiatisés pour justifier la mise en place des mesures de surveillance et de contrôle. Demain, vous pouvez finir avec des caméras dans chaque chambre, des bracelets électroniques voire même des puces implantées sous votre peau. On peut avoir des véhicules qui passent dans la rue et scannent le contenu des domiciles avec des rayons. On peut avoir des fouilles digitales constantes avec accès à nos emails, nos comptes en banque en temps réel, notre activité sociale y compris rencontres, conversations, échanges… Si quelque chose ne se fait pas aujourd'hui, c'est que la technologie n'est pas encore prête ; une question de temps.

Le dernier joujou qui monte en puissance est la reconnaissance faciale. Ce système permet de traquer l'individu et documenter sous tous ses faits et gestes. Il a déjà donné naissance au concept de digital fencing, entendez la clôture digitale. Imaginez que vous êtes du bétail (c'est de cela dont il s'agit) et que vous évoluez dans un univers concentrationnaire formé de barrières. Contrairement aux clôtures qu'on trouve dans les fermes, ces barrières n'ont pas de présence ou d'existence physique. Elles sont définies électroniquement et délimitent l'espace dans lequel vous avez droit de vous déplacer. Si vous sortez de cet espace, une taxation punitive et comportementale vous frappera automatiquement. Le clôturage digital a été utilisé au Canada durant la crise sanitaire. À l'époque, comme les caméras à reconnaissance faciales n'étaient pas encore prêtes, on s'est servi des téléphones portables. Les personnes qui s'éloignaient au-delà des distances autorisées par l'Etat recevaient une facture par la poste. La verbalisation était automatiquement déclenchée par un système qui analysait en temps réel la géolocalisation des téléphones.

L'automatisation est extrêmement importante. Elle permet de surveiller des millions de citoyens en même temps et en temps réel. L'Etat s'assure qu'aucun citoyen ne pourra échapper à la surveillance et constituer un manque à gagner. L'automatisation permet également d'abaisser le coût de revient et de maximiser les marges bénéficiaires des amendes infligées.

2 - La taxation totale : sous forme de microtransactions et paiements prélevés pour tous les actes de la vie quotidienne. La taxation visée est de 100%. C'est-à-dire que la totalité de ce que produit l'individu doit être captée par l'Etat et les élites qui tirent les ficelles. C'est le système d'esclavage ramené et traduit à l'ère moderne : *tu es ma propriété. Tu travailles pour moi et tout ce que tu produits doit venir dans ma poche peu importe le chemin emprunté.* Si vous ne payez pas 100% de

taxes aujourd'hui, c'est que le projet n'est pas terminé. Il avance à petits pas et chaque semaine, chaque mois, amène son lot de nouveaux prélèvements. Tracez une courbe et vous verrez qu'elle va vers la taxation totale.

Les points 1 et 2 ci-dessus travaillent ensemble. Sans surveillance totale, pas de taxation totale. Il faut contrôler les faits et gestes si on veut les soumettre à des prélèvements.

3 - La perte d'autonomie corporelle : il faut en discuter pour le comprendre. La taxation totale ne pourra jamais atteindre 100%. Elle s'en approchera le plus possible mais il faut bien nourrir l'esclave. Il faut lui laisser de quoi manger, se loger et se soigner. On peut toujours laisser des miettes, mais ces miettes, si on les multiplie par le nombre de personnes, ça forme un énorme manque à gagner. Imaginons qu'un système arrive à capter 90% du travail d'un individu, il perd tout de même 10% qui semblent incompressibles. Comment recouper cette perte ? On ne peut pas grappiller dessus autrement on affame l'esclave, on le tue et on perd encore plus. Vous faites comment ? Ceci nous ramène automatiquement au troisième point : la perte de l'autonomie corporelle. En d'autres termes la prostitution. Ou bien, vendre le corps de l'individu à des groupes d'intérêt pour essayer d'extraire encore plus de valeur.

Vulgairement, c'est comme avoir une femme de ménage, lui prélever 90% de son salaire pour couvrir le lit qu'on lui prête et le droit de manger les restes en cuisine. Puis, pour compenser les 10% qu'on ne peut pas lui prélever, on la met sur le trottoir et on empoche l'argent des passes.

L'Union Européenne, France à sa tête, a lancé un pass sanitaire qui s'est rapidement transformé en pass vaccinal. C'est une manière pour mettre le citoyen sur le trottoir. Pour le moment, les clients sont les compagnies pharmaceutiques. Elles ont acheté le patient sur pieds et l'Etat utilise le pass pour veiller à ce que le citoyen obéisse à son nouveau propriétaire. Ce pass est au fond un preuve de consommation, une preuve d'achat et une preuve de conformité à une exigence commerciale. Si le citoyen se dérobe à son nouveau maître, l'Etat a une laisse électronique permettant de désactiver des droits fondamentaux : travailler, circuler, voyager, se faire soigner, accéder à des services… et de manière générale participer à la société.

Une fois mis sous laisse électronique, le citoyen peut être vendu ou loué sur les marchés en fonction d'intérêts financiers ou idéologiques du moment. Un des plus gros clients potentiels reste le lobby du climat. Il ne se passera pas beaucoup de temps avant un glissement vers une société de *pass* qui commence à traquer les mouvements, la consommation et devenir un outil de restrictions assorties de microtransactions. Le paiement libérera de manière temporaire et ponctuelle des droits humains qui s'éteindront rapidement sans nouvelle transaction.

L'idée du pass sert aujourd'hui les laboratoires pharmaceutiques mais il ne faut pas trop focaliser sur ce secteur. Il a permis l'introduction et dispose des moyens colossaux pour faire débloquer les investissements nécessaires à la mise en place du dispositif. Comme leur longue histoire de passer devant les tribunaux, plaider coupable et casquer le démontre amplement, c'est une industrie qui a la corruption comme partie intégrante de son business modèle. Ce sont de très bons payeurs qui récompensent généreusement la collaboration.

Les labos pharma étaient aux abois. L'histoire du pass est pour eux une question de vie ou de mort ; littéralement. En 2017, un certain Kelvin Stott écrivit un article où il décrivit la fin du business model pharmaceutique pour 2020. Cet homme est un cadre chez Novartis Suisse et il est un ancien du cabinet McKinsey qui gère plusieurs pays européens en ce moment. Monsieur Stott est un décideur : c'est lui qui indique à Novartis où investir pour les 20 prochaines années. Quand il émet une prévision sur l'industrie pharmaceutique, tout le monde le prend au sérieux. En 2017, il disait que le business model pharmaceutique serait mort en 2020. Et il n'avait pas tort. Le secteur a dû se créer un modèle différent sous peine de mourir. Nous en voyons les résultats dans notre vie quotidienne : la maladisation des gens en bonne santé. On va jusqu'à la mastectomie pour des jeunes adolescentes en excellente santé.

Pour comprendre l'équation pharmaceutique, imaginons des explorateurs cherchant du pétrole. Au départ, ils vont s'intéresser aux branches les plus basses de l'arbre. C'est-à-dire cueillir uniquement les fruits les plus bas. Les puits sur lesquels ils concentreront leurs efforts seront accessibles via un terrain facile, la roche se laissera creuser sans problèmes et le débit sera excellent. Au fil des années, il faudra explorer plus en profondeur. Aller vers les terrains qu'on n'aurait jamais considérés en des temps fastes. Le pétrole sera dans des zones ravagées par la guerre ou le terrorisme. Il sera peut-être en mer avec une houle de dix mètres. Il faudra creuser de plus en plus profond dans un terrain pénible. Le rendement sera plus faible mais il n'y a pas le choix. Cette logique existe dans quasiment tous les secteurs économiques. C'est la loi des rendements décroissants.

Au niveau pharmaceutique, le pétrole c'est le nouveau médicament. Le terrain de recherches est le corps humain. C'est un système complexe mais qui a ses limites. Trouvera-t-on quelque chose de plus efficace que l'aspirine pour les maux de tête ? Une fois qu'on a cinquante médicaments pour une maladie, que va vraiment apporter le cinquante-unième ? En plus, les malades représentent des niches de plus en plus pointues. Si vous vendez des produits consommables pour diabète de type II, seuls les patients diabétiques de type II constituent un marché pour vous. Par contre, sur ce même segment vous êtes en compétition avec d'autres enseignes qui font du marketing agressif pour placer leurs produits. Avec le temps, les formules tombent dans le domaine public puis sont fabriquées en Inde et vendues à un prix dérisoire sous forme de génériques. Alors que faire ?

Les labos ont dû aller loin : dans la niche, de la niche, de la niche… C'est-à-dire la seule manière encore viable de faire mouche est devenue le travail sur des maladies rarissimes mais offrant des marchés encore peu explorés et donc sans compétition.

Si Airbus met de l'argent sur la table pour développer un nouvel avion de ligne, disons le A390, c'est quasiment garanti que cet avion prendra son envol un jour. Pareil si Nvidia investit pour lancer la prochaine génération de cartes graphiques : elles arriveront sur les étagères un jour et on se les arrachera pour des jeux encore plus réalistes (il faut bien s'évader de notre monde). Ce n'est pas pareil pour le pharma. Un chercheur de pétrole peut explorer dans un désert dans tous les sens et ne rien trouver. On peut lancer une grosse étude pour découvrir un médicament contre une maladie quelconque puis on ne trouvera rien. Les investissements de R&D ne donnent pas nécessairement de retour. Ils peuvent simplement finir à la poubelle et les chercheurs rentrent bredouilles.

Dans son article qui prédit un déclin terminal pour l'industrie, Stott explique qu'une phase de recherche dure en moyenne 14 ans. Si tout va bien, les ventes du produit résultant vont atteindre leur pic six ans plus tard puis interviendra une perte d'exclusivité qui ôtera toute perspective de revenus sérieux sur cette molécule. Il faudra partir à la recherche d'une autre, mais le corps humain étant ce qu'il est, la prochaine aventure sera encore plus difficile, plus risquée, plus coûteuse et encore moins rentable. Les courbes de décroissance du rendement touchaient la ligne du 0% en 2020. C'est là où le modèle économique s'effondre. Pour revenir à l'analogie précédente, c'est quand on ne trouve plus que du pétrole dont le prix de revient est supérieur au cours du marché. Le point ultime de la complexité est alors atteint. Mon pétrole me coûte $100 le baril à extraire mais le cours sur le marché est de $100 ou légèrement en dessous. Je ne peux plus gagner.

D'ailleurs, ces dernières années on voyait passer des nouvelles annonciatrices de ce collapse pharmaceutique. Il s'agit de médicaments pour maladies rares mais offerts à des prix ahurissants. Par exemple, le Spinraza permet de traiter des maladies neurologiques et coûte $750'000 par an par patient. Un autre, le Lumizyme de Sanofi permet de traiter la maladie de Pompe. Elle est causée par une mutation rare d'un gène. Elle détruit progressivement les muscles, y compris le cœur, et elle est souvent mortelle. Elle touche environ 1 personne sur 40000. Coût du traitement : un demi-million de dollars par an. Le Zolgensma a été approuvé en 2021 par les autorités britanniques pour le traitement d'une autre maladie héréditaire rare. Coût : 2'000'000 millions d'euros la dose en intraveineuse (bien deux millions d'euros la dose) ...

Ces chiffres nous racontent une histoire tragique pour les labos : ils doivent dépenser des sommes colossales pour trouver des médicaments qui ne concernent que très peu de personnes dans le monde. En plus, seuls les habitants de pays riches et avec des couvertures médicales béton pourront espérer une ordonnance prise en charge par l'assurance publique ou privée. Même si on ne peut que se féliciter que des malades puissent enfin trouver des médicaments améliorant leur qualité de vie ou leur apportant un espoir de guérison, on constate qu'il n'y a pas de business model pérenne derrière. Avec ces prix, on fera couler les systèmes de santé avant d'avoir pu changer le sort d'un nombre significatif de malades.

Vendre l'injection à deux millions n'est pas du vol. Il n'y a pas une once de surfacturation. Tout simplement, on fait travailler des équipes BAC plus dix pendant quinze ans en leur fournissant des technologies de pointe fabriquées par d'autres BAC plus dix, alors il faut bien que la facture arrive quelque part.

Au fond, c'est un problème de civilisation. Quand des Somaliens ou des Iraquiens se prennent un missile Harpoon à 1.5 millions de dollars ou un Exocet à 200'000 dollars sur la figure, c'est gratuit. Personne ne leur demande d'organiser le financement du missile. Quels choix collectifs avons-nous fait pour qu'un instrument de mort soit administré gratuitement même quand il coûte des millions alors que des malades doivent mendier pour financer un médicament qui pourrait les sauver ou améliorer leur vie ?

Tout commence par une hérésie : on ne peut pas se faire de l'argent sur une maladie. Anciennement, l'hôpital était opéré par des religieuses bénévoles et soutenu par des mécènes. C'est encore le cas de beaucoup d'hôpitaux de par le monde ainsi que des structures qui gravitent autour. A Los Angeles, le Cedars-Sinai, où viennent souvent mourir des célébrités, est intégralement une œuvre caritative. Au Royaume-Uni, quand un patient doit être transféré, les médecins appellent une ambulance Saint Jean. Fondée à Malte en 1877, cette organisation caritative est présente sur plusieurs continents… Par contre, on n'a pas encore créé le labo pharma caritatif. C'est un tort parce que c'est le seul moyen de faire face aux défis de la santé publique. Le business fondé sur la maladie est sans issue et ne pourra que recracher sous une forme ignoble les tares de sa naissance. Il est fondamentalement corrompu et ne peut vivre et progresser que sur un lit de corruption. Ce n'est pas par hasard que les labos pharmaceutiques, d'après la chronique judiciaire même, sont les entreprises les plus gangrenées de l'Occident. C'est même devenu une sorte de normalité et peu de gens s'en émeuvent outre mesure. Si les compagnies aériennes, les fabricants de saucisses ou la corporation des plombiers avaient été impliquées dans autant d'affaires de corruption, falsification et trafic d'influence, il y a longtemps que le régulateur aurait sévi et à juste titre.

Toujours est-il que les labos pharma, d'après la prophétie d'un de leurs grands décideurs, avaient jusqu'en 2020 pour changer de modèle ou disparaître sous l'effet de l'impitoyable loi des revenus décroissants. Cette mutation s'opéra autour de deux axes de travail. Le premier consiste à cesser de courir après les malades constitués en niches trop spécialisées et donc coûteuses d'accès. Il faut focaliser les personnes non malades ; elles se comptent en milliards. On leur collera dessus une maladie asymptomatique et le tour est joué. On imposera des tests sous forme de tiges en plastique qui donneront "des cas". Le traitement viendra sous forme d'une concoction qu'on appellera vaccin. Les gens ont l'habitude de se faire vacciner et vacciner leurs enfants, c'est donc plus stratégique de faire rentrer les nouveaux trucs sous des concepts connus et acceptés déjà. Cette soupe sera injectée tous les trimestres à toute la planète. On commencera par le nourrisson et on ira jusqu'au grabataire auquel il reste quelques heures à vivre.

Le second axe de travail est l'emploi de la coercition médicale. Par le biais d'un pass, l'Etat se chargera de désactiver un à un les droits fondamentaux de ceux qui ne veulent pas consommer. Le crime parfait.

En pratique, le labo pharmaceutique loue le corps du citoyen à l'Etat. Ce dernier utilise la force publique, son pouvoir de légiférer, sa police, son administration, sa violence légitime…

pour garantir au client l'obéissance totale du citoyen loué en tant que patient sur pied.

Pour arriver à cette fin, il fallait une conjonction parfaite des planètes. Au départ, une industrie pharmaceutique très riche, en détresse existentielle et historiquement portée sur la corruption sans vergogne pour régler ses problèmes. Face à elle, une caste politique faite de femmes et d'hommes sans principes et considérant la fonction comme un marchepieds pour faire avancer leur situation personnelle. Pour beaucoup, l'accès aux responsabilités n'est pas une charge mais une magnifique opportunité pour réseauter, faire du business et se construire un empire. Combien de vilains sont arrivés dans un ministère ou un bureau puis sont sortis avec des comptes à Panama mais aussi avec les tableaux, les tapis et le mobilier du bureau ? La France est particulièrement sous la malédiction des *alimentaires* comme en témoigne la teneur, parfois très minable, des affaires : des notes de frais, des taxis, des costumes, des emplois fictifs, un logement de fonction… Voici une théorie : une fois qu'elle tombe sous la coupe des *alimentaires*, une civilisation est terminée. Je peux vous en dire des masses. C'est toute notre tragédie en Afrique.

Parmi toutes les races de corrompus, l'effet de l'alimentaire est, de loin, le plus tragique. Il est cette prostituée camée et malade qui couche sans préservatif contre une canette de coca ou un paquet de chewing-gum. Un pays peut lancer le projet du siècle pour assurer la scolarité de toute une génération d'enfants ou permettre l'irrigation de terres agricoles, mais un alimentaire pourrait tout faire capoter si ça lui ramène cinquante euros en poche. Il ne pense qu'à bouffer et se remplir la panse maintenant, peu importe qu'autrui, ou même une civilisation, en paye un prix effarant.

En Algérie, nous avons beaucoup de spécimens de cette espèce. Certains disent que c'est le résultat de 132 ans de colonisation française. On trouve les mêmes en France. On ne va pas se prendre la tête au sujet de l'œuf et la poule, mais la correspondance est saisissante.

Exemple, une université algérienne a un budget, assez limité par ailleurs, pour envoyer des doctorants à l'étranger pour créer des opportunités d'échange de savoir et de progression académique et professionnelle. La femme d'un professeur utilise ce budget pour aller faire du shopping à Paris lors des soldes. Nous avons des enfants qui meurent de spina bifida et de maladies moyenâgeuses, mais le budget pour former des gens qui pourraient les soigner est parti en grandes culottes en jersey de chez Tati, des Adidas tombées du camion et du parfum Dior de contrefaçon vendu à même le sol pendant qu'un sans-papiers fait du chouf à Barbès pour cause de ripoux qui viennent prélever leur part. Et toi tu es en où ? Contre quoi sera vendue ta santé ? Celle de tes enfants ? Ta vie ? Votre bonheur ? Votre avenir ? Contre une bouteille de bordeaux ? Un repas dans un resto Michelin ? Une prostituée au catalogue salace ? Ou bien contre un McDo ? Un taxi ? Un sur classement chez Ryanair sur un Limoges - Lyon ? Une montre Casio ? Un stylo ? Une babiole plaquée or 14 carats ? Une cartouche de cigarette détaxée ?

Si on veut ouvrir un camp de concentration et gazer des gens, l'alimentaire est facile à convaincre. Quelques tickets resto et un peu d'espèces - il prend même les pièces et les billets de cinq euros - et il signe tout. A la rigueur, je dis bien à la rigueur, si le camp dépasse le million de morts, il téléphonera pour une rallonge de 500 Euros parce que "ça commence à jaser" dans les médias.

En plus de cette vermine qui occupe des rôles clés dans les rouages de l'Etat et l'administration, on a une corruption généralisée au niveau des acteurs économiques.

Entre 2012 et 2014, Lafarge a payé 13 millions d'Euros à Daech et divers groupes terroristes syriens pour continuer les opérations de son usine de Jalabiya en Syrie. C'est à dire que pendant que les égorgeurs préparaient des attentats sur Paris, une compagnie située à l'avenue du général de Gaulle à Clamart leur versait du cash par millions. Ce sont ces mêmes compagnies qui imposent un pins LGBT à une réceptionniste ou à un agent de sécurité pour montrer qu'elles ont des valeurs. L'affaire est en justice mais on connaît bien le schéma. Ceux qui ont fait des affaires avec le terrorisme ont atteint leurs objectifs, se sont fait des bonus en or et aujourd'hui ils sont sous d'autres cieux à vendre des fenêtres, des panneaux solaires ou des piscines livrées et installées.

La corruption généralisée est le signe d'un basculement ; d'une croix inversée consacrant la victoire de l'instant sur l'éternité. Le matérialisme exige la suprématie du matériel sur tout le reste. Demain n'existe pas. Dieu est mort comme le disait Nietzsche. Arrachons maintenant tout ce qui tombe à notre portée. Ce qu'on ne mettra pas dans nos bides maintenant est perdu pour toujours. Privilégions le maintenant. Nous ne sommes pas au service d'un destin mais d'un moment. C'est une situation explosive.

Face à des élites politiques et économiques vérolées, on a des populations hébétées, passives et démissionnaires. Il y a un adage qui dit que les périodes de paix créent des hommes lâches et veules. C'est peut-être vrai. On les a peut-être aidés à le devenir en détruisant l'instruction, l'art, l'intellect et le moral. Les foules baignent dans un magma de propagande, de publicité, de starlettes dissimulant mal leur addiction aux drogues dures et un discours apocalyptique et anxiogène distillé à longueur de journée. Le Covid va nous tuer. Non, ça sera le terrorisme. Non, ça sera le réchauffement climatique. Non, c'est une météorite qui arrive sur nous. Oh, la guerre en Ukraine va déclencher un cataclysme nucléaire. Les éboueurs ont fait grève. Le citoyen vit dans la peur. Il est animalisé. Il est divorcé de son humanité, de son cœur et de son intelligence. Il ne réfléchit plus. Il est guidé par l'instinct de consommation qui seule permet d'accéder à l'existence. Je consomme donc je suis.

Comment savoir qu'un peuple est mûr pour la servitude ? Il suffit de voir comment il réagit lors de défis collectifs et à certains tournants de sa vie. En Grande Bretagne, des gangs ethniques du Pakistan ont violé, drogué et prostitué de jeunes anglaises pendant trente ans. Quand des parents, des éducateurs ou même des victimes allaient se plaindre à la police, ils étaient menacés par les agents. On leur enjoignait de se taire autrement on pouvait les coffrer pour crime de haine raciale.

A Manchester, la jeune Charlene Downes avait 14 ans quand elle a disparu en 2003. Durant l'enquête, ses parents apprennent qu'on s'oriente vers une histoire de kebaberie. La gamine aurait été violée, tuée puis son corps cuit dans un kebab appartenant à des Jordaniens. D'après le bureau du procureur, les kebabs auraient été vendus puis vomis ou chiés dans les rues de Manchester. Dans les enregistrements de la police, on entend les criminels parler de broyer le corps et les difficultés à faire passer les grands os dans la machine. Le procès a tout de même fini en tête à queue et sans que personne ne soit condamné.

Quand ces affaires éclatèrent au grand jour, la population ne s'y intéressa pas. Un certain Tommy Robinson fit du foin en ligne pour éveiller l'opinion publique. Alors qu'il filmait un live devant un tribunal, un juge passa la tête par une fenêtre et ordonna aux policiers en faction de procéder à son arrestation. Il fut traduit en justice et condamné à plusieurs mois de prison ferme pour avoir tenté de révéler l'identité des violeurs. Dans n'importe quel pays avec un peuple à moitié éveillé et un peu de dignité, une affaire à bouillir le sang comme celle-ci aurait pris des proportions révolutionnaires. En ne bougeant pas le petit doigt, le peuple prouva à ses élites qu'il était prêt. Si ce genre de choses ne le font pas bouger, c'est qu'il est mûr, cuit et enfin prêt à aller à l'abattoir sans offrir la moindre résistance.

Pour être parfaitement rigoureux et expliquer ce paradoxe des services sexuels qui perdurent pendant des années sans intervention de la police, il faut connaître deux éléments importants. Le premier est que le Royaume-Uni a toujours eu une complaisance coupable envers ce genre de criminels peu importe leur origine ethnique. Cherchez le cas Jimmy Savile pour vous faire une idée très pointue sur ce point. Personnage de télévision, excentrique et porté sur les enfants en bas âge. Il en a violé pendant 50 ans et pas en silence ! Tout le monde le savait. Le gars était protégé par ses connections dans les médias, la finance et la politique. La reine l'honora avec le statut de chevalier. Les hôpitaux pour enfants lui donnaient les clefs de leurs pavillons et cliniques de pédiatrie. Il pouvait venir comme bon lui semblait. Certaines infirmières cachaient leurs enfants préférés quand elles savaient qu'il rodait à l'hôpital clefs en mains. Il agissait ouvertement, au grand jour et se savait intouchable.

C'est seulement à sa mort, en 2011, que les langues commencèrent à se délier. On trouva des témoignages de victimes qui avaient huit ans quand elles ont croisé son chemin, souvent dans des environnements qui les ont offertes et détournées les yeux pendant qu'il sévissait. Des dizaines d'enfants furent violés sur des lits d'hôpitaux publics. Le personnel médical restait en retrait pour ne pas le déranger. Les rares infirmières qui ont pris sur elles de soustraire certains enfants savaient qu'il n'y avait rien à faire au niveau hiérarchique ou avec les autorités.

Il viola beaucoup d'enfants au siège de la BBC parce que justement il présentait des émissions pour les plus jeunes. Là aussi, on savait mais on se taisait. Au total, entre la première et la dernière victime, il y a 50 ans. Ce cochon n'a pas agi pendant six mois, un an ou deux. Auquel cas, on aurait pu imaginer que grâce à son habilité seule et un peu de chance ou de négligence, il a pu cacher ses crimes. Un demi-siècle, des centaines de victimes, des dizaines d'institutions… c'est le fruit d'un système et ça ne date pas d'hier. Si on envoie un radar à pénétration de sol sur les terrains autour des bâtiments historiques ayant hébergé des orphelinats ou des écoles tenus par l'Eglise, on en trouverait des tragédies. Au Canada, un autre pays anglo-saxon, ils ont tenté l'expérience. Le radar en question a la taille d'une tondeuse à gazon et ne coûte pas cher à louer. En 2021, ils ont trouvé des corps autour de l'école Kamloops. Un prêtre défroqué en parlait depuis les années 1990. On trouva 215 squelettes d'enfants dans une fosse commune. Autour de l'école de Marieval qui ferma en 1997, on trouva 751 corps…

Ces enfants étaient prélevés de force dans les communautés indigènes longtemps considérées comme sub-humaines par les couronnes qui se sont appropriées leurs terres. On les envoyait vers ces écoles pour les civiliser. Puis, à force de mauvais traitements et de sévices en tout genre, beaucoup mourraient. Aujourd'hui, si un élève meurt, mettons d'une myocardite dans un lycée, on imagine mal le proviseur et un factotum l'enterrer derrière le mur de l'établissement aux lumières d'une fourgonnette. La moindre des choses serait de rendre le corps à la famille pour que l'enfant ait une sépulture digne. Pourquoi une école se débarrasse de corps façon tueur en série ? Rien qu'au Canada on pense que plus de 6000 enfants sont morts dans des conditions non élucidées puis ont été enterrés en peer to peer au fond de la cour de l'école qui les maintenait en otages. Pourquoi n'a-t-on pas donné la sépulture aux familles ? Tout d'abord, il y a le mépris. Ce mépris qu'on retrouve régulièrement en Occident. Des enfants juifs empilés dans des camions quittant le Vélodrome d'Hiver jusqu'à la patiente non vaccinée pour laquelle l'hôpital qui soigne les cancers appelle la police qui l'empêche d'entrer.

Tu vois, j'ai les larmes aux yeux en écrivant certaines de ces pages. La merde que je te raconte, ce n'est pas pour touiller vainement dans les égouts de l'Histoire. Notre monde est en conflit constant entre des forces bienveillantes et des forces démoniaques. Caen et Abel, les deux ont une descendance qui œuvrent au sein de leurs atavismes respectifs. Les moments de paix, n'ont été que de courts épisodes mis à profit pour préparer les armes du prochain conflit. En Afrique, quand un régime est sur le point de tomber parce que le peuple est dans la rue, il lâche du lest. Il promet tout ce que les gens veulent entendre pour qu'ils reviennent à la maison. Une fois la révolte calmée temporairement, le régime réalisant sa faiblesse commence à investir sur des armes, des outils de répression et le recrutement des supplétifs zélés, vicieux et prêts à tout. Le peuple a l'impression d'avoir gagné et célèbre les nouveaux acquis dans le cadre d'une paix retrouvée. Pourtant, en bas de la rue, on construit une caserne, un centre de détention et une sale de torture avec assez d'outils pour remplacer la boite de vitesse d'un Kamaz. La prochaine fois que le peuple se lèvera, il sera broyé parce que la junte est prête.

Nous vivons dans un état de guerre permanent. Ces moments entre deux offensives, on les appelle paix mais ce sont que des trêves. Dès que l'ennemi sera prêt, il tentera une nouvelle attaque avec des moyens renouvelés. A cette guerre permanente doit répondre une révolution tout aussi permanente.

Pour en revenir à l'affaire Jimmy Savile, mettons que le Royaume-Uni et nombre de pays anglo-saxons sont des terrains particulièrement propices aux prédateurs. Dans ce contexte, quand les asiatiques de Telford ont commencé à violer puis prostituer des gamines, il se sont inscrits sans le savoir dans un fort contexte existant ; une sorte d'assimilation si vous voulez. Ils ont également opéré en toute impunité pendant des décennies. Les premières victimes datent des années 1970 et les dernières sont probablement encore aux mains des gangs au moment où je mets sous presse.

L'autre élément pour comprendre les crimes de Telford, c'est la structure sociale de la région. Le Royaume-Uni était un pays industrialisé. Des millions de gens travaillaient de père en fils dans des usines, des ateliers, des filatures et des mines. Ces gens ont toujours été pauvres et seuls quelques syndicats motivés les défendaient. En 1979, avec le début des années Thatcher, un conflit d'intérêt va rapidement survenir. D'un côté, il y a ces populations dont la vie s'articule autour de métiers pénibles mais qu'ils exécutent depuis des générations. De l'autre, il y a des grandes fortunes dont l'intérêt est de produire à moindre coût en Chine, en Inde et autres pays en voie de développement. Les salaires sont bas, l'énergie bon marché et on peut donc augmenter ses marges de manière significative en délocalisant. Ajoutez à cela, la financiarisation de la consommation. Une époque, on achetait une maison à crédit. Survolez une ville, presque tous les biens immobiliers que vous voyez appartiennent à une banque. Par la suite, ce fut le tour de la voiture. Mettez-vous à n'importe quel carrefour, la plus grande partie des véhicules que vous voyez sont achetés à crédit et de facto appartiennent à une banque. Puis, vint le rôle de la télé, le téléphone portable, l'aspirateur, l'ordinateur… et potentiellement jusqu'au slip ! Ceci cause une profonde mutation dans l'industrie. Beaucoup de produits ne sont devenus que des prétextes ou des alibis pour supporter un crédit. Ainsi, certains constructeurs de voitures gagnent plus d'argent avec leur branche de financement qu'avec leur branche de production. Si vous leur achetez une voiture cash, ils perdent de l'argent avec vous.

La finance voulait simplifier et huiler l'équation. On produit n'importe quoi en Chine et on importe par conteneurs. Les ouvriers sont tenus en laisse par le Parti Communiste Chinois dans des conditions proches de l'esclavage : ni grèves, ni revendications, ni palabres inutiles. La marchandise de piètre qualité est mise sur le marché et associée à des options de crédit à tous les niveaux.

Entre l'ouvrier de Telford ou de Liverpool et l'honorable banquier de la City de Londres, c'est le proverbial pot de terre contre le pot de fer. En quelques années, des régions entières ont été désindustrialisées. Le mouvement fut massif, rapide et violent ne laissant aucune option d'adaptation aux populations touchées par le chômage de masse. On arrivait à des cités entières ou peut-être une seule personne avait un travail stable. Des enfants grandissaient sans jamais avoir pu voir un parent aller au travail. Cette valeur du travail se perdait du conscient collectif. La désindustrialisation apporta la précarité, le trafic, l'économie souterraine et toutes formes de criminalité. Le comportement racaille qu'on associe en France a des jeunes issus de l'immigration est au Royaume-Uni affiché par des jeunes Blancs vivant à l'état ferral et s'entretuant pour un bout de territoire, une histoire de recel ou de vente de drogue. Ils peuvent agresser gratuitement, pour un regard ou pour aucune raison du tout. Leur seule limite est quand ils tombent sur des bandes ethniques organisées et tout aussi ensauvagées qu'eux.

Là où frappe le chômage de masse, la délinquance et la précarité, deviennent forcément des tares sociales omniprésentes. L'alcoolisme fait des ravages. Dans un pays où on peut s'acheter une bouteille de rouge pour deux euros ou une bonbonne de cidre de cinq litres, on peut devenir alcoolique professionnel à petit budget. C'est à la portée de tous. On trouve également des gamines qui deviennent sexuellement actives de plus en plus tôt. Une des images classiques de ces régions, ce sont des adolescentes avec une poussette et attendant à un arrêt de bus en fumant cigarette sur cigarette. Le bébé est un sésame qui permet d'accéder à un soutien social et un logement payé par le contribuable. C'est leur carte pour s'échapper d'un environnement familial où elles subissent les violences et les abus. Dans les cas les plus extrêmes, on trouve des familles ou la mère picole dans la cuisine, le papa joue avec la dernière Xbox au salon pendant que la petite de seize ans monte des clients à l'étage pour payer le pinard et les cartouches de jeux hors de prix.

Les tares sociales sont contagieuses d'une génération à l'autre. La gamine avec sa poussette finira grand-mère avant l'âge de trente ans quand sa fille de quatorze ans tombera enceinte. Ayant trop de partenaires de passage au même moment, elle ne saura jamais qui est le père. A quoi bon ? Ils étaient tous jeunes, paumés et tellement drogués qu'ils ne se rappellent même plus avoir couché avec elle.

C'est dans ce contextes qu'arrivent les kebaberies et les taxis tenus par des asiatiques. Le terme est un peu vague mais désigne les Pakistanais mais pourrait également inclure des Jordaniens, des Palestiniens, des Tamuls, des Iraquiens ou même des Albanais du Kosovo. Dans un pays progressiste, on est frappé de suspicion rien qu'en citant la nationalité d'un criminel. Le choc des cultures est très violent. Il mettra face à face les pires tares de la société islamique aux pires tares de la société britannique.

Les gamines commençaient à traîner dans les kebaberies et commerces ethniques. Elles recevaient des sandwichs, des cigarettes, des bières et un peu de cash. Elles ramenaient des amies et passaient leurs journées à rigoler avec tout le monde. De fil en aiguille, elle se retrouvent à coucher avec le proprio, puis ses amis, puis à faire des passes à l'étage ou à l'arrière d'un taxi.

Quand les premières histoires arrivèrent chez la police, on ne parlait pas de contrainte mais de manipulation. Les flics veulent des histoires simples. Allez leur dire qu'une fille a été violée par un inconnu, ils vont tout de suite faire bouger du monde. Si une fille forme le numéro d'urgence pour dire qu'elle est retenue contre son gré ou qu'elle vient de subir des violences, elle a trois patrouilles dans les dix minutes ; à Telford ou ailleurs. Par contre, quand des citoyens inquiets se pointent au commissariat en disant qu'ils ne trouvent pas convenable que les gamines trainent avec les asiatiques, ils finissent avec un rappel à la loi sur le racisme et les crimes de haine.

Un dernier point qu'il faut considérer pour expliquer le silence des autorités est la possible connexion entre les gangs de violeurs de Telford et d'autres réseaux fournissant des gamines. Il est fort possible que les gangs obtenaient silence et protection en échange de partager avec d'autres.

C'est dans ce contexte, des peuples de moutons et de sangliers, des politiques corrompus jusqu'au trognon avec alimentaires à tous les étages et des entreprises gangrenées par la malversation que l'humain est en train de perdre son autonomie corporelle dans l'indifférence.

Pour le moment, l'instrument technologique pour arriver à cette fin est un QR code dans un téléphone portable. Il se renouvelle sur consommation vaccinale en offrant une licence conditionnelle et temporaire d'accès aux droits humains. Dans les débats médiatiques, on parle ouvertement des prochaines violations qu'on pourrait faire subir aux gens qui n'auraient pas droit à un pass vaccinal. Soit ces derniers n'aient jamais été vaccinés, soit qu'ils ont cessé de le faire après une énième dose, on suggère de les enfermer, les interner, leur refuser les soins, les affamer… et on glisse inexorablement vers des discours style années trente. Tôt ou tard, un journaliste laissera tomber le fatidique Zyklon B, un politique dira que ça serait la solution finale pour ce problème et des entreprises se battraient pour proposer des chambres à gaz humaines et à faible empreinte carbone.

L'autre solution nous vient de Suède. Une startup basée à Helsingborg, Biohax, tente depuis des années de vendre des puces qu'on insère sous la peau. Selon ce qu'on programme dedans, elles peuvent devenir une pièce d'identité digitale, un portemonnaie électronique ou un passeport vaccinal. Cette compagnie qui défraie la chronique depuis des années a été citée dans les plus grands médias du monde. Pourtant, elle qui prétend être à la pointe de la technologie, n'a même pas de site web ou de présence dans les médias sociaux. Les recherches en ligne ne donnent qu'un fondateur qui se dit PDG et un unique employé qui se dit anesthésiste consultant en blockchain. Leur adresse postale dans un immeuble face à un chemin de fer semble fausse. Au lieu d'une start-up novatrice, cette compagnie est probablement une coquille vide servant régulièrement pour une opération psychologique visant à normaliser l'implantation de puces sur les humains. Depuis l'hystérie du Covid, ils ont eu une nouvelle vague de promotion et leur puce passeport Covid fit parler d'elle en des termes très élogieux par des médias qui instinctivement soutiennent toute perversité qui se présente.

Le Covid n'est pas une épidémie ; c'est un aboutissement. Un catalyseur pour faire avancer un agenda écrit depuis des lustres. Même si bien avant nous étions déjà en train de glisser vers une société de contrôle, de surveillance et de taxation de la vie, avec cette opportunité, ils ont gagné cent ans. Le niveau de terreur instillé dans la population leur permet de décréter n'importe quoi et d'obtenir l'assentiment de la majorité. La situation sert d'accélérateur et permet l'expression des plus bas instincts.

Troisième Chapitre
Sexualité Non Reproductive

Un des marqueurs du moral d'une nation est sa capacité à se reproduire. Lors des guerres ou des grandes calamités, on constate une baisse de la natalité. Ceci s'accompagne souvent par un "baby-boom" compensatoire dès que les choses reviennent à la normale. C'est dans cette logique que les vingt ans suivant la fin de la Seconde guerre mondiale connurent une explosion de la natalité dans nombre de pays occidentaux.

Au passage, quand vous prenez le baby-boom et vous lui rajoutez l'espérance-vie, vous arrivez logiquement à un "funérailles boom". C'est-à-dire que les enfants nés au lendemain de la Seconde guerre, ont 75 ans en 2020. Au pic statistique de leur naissance correspondra mécaniquement un pic lié à leurs décès. En Europe, on vit en moyenne 72 ans en Russie, 75 ans en Hongrie et Serbie, 82 ans en France et quasiment 90 ans à Monaco. Plus t'es riche, plus tu vis longtemps. Qui l'eut cru ? Le travail de forçat, le RER à 5h50 du matin, la bouffe de Leader Price et les prises de tête à longueur de journée, ça ne prolonge pas la vie. En tout cas, l'Europe rentre aujourd'hui dans une phase de vingt ans ou statistiquement les boomers vont progressivement nous quitter. Bien entendu, ceci ne dit rien sur les individus. Il y a des boomers qui sont morts à l'âge de dix ans comme il y en a qui vont dépasser les cent ans. Mais si on prend leur classe dans sa globalité, ils atteignent leur espérance-vie entre 2020 et 2040. Ce pic de mortalité naturelle est à surveiller parce qu'il pourra être instrumentalisé pour n'importe quoi. Il pourrait facilement servir pour alimenter des peurs et pourquoi pas entretenir une illusion de pandémie.

En Europe, le taux de fertilité pour assurer une population constante est de 2.1 enfants par femme. Il faut le comprendre comme ceci : il faut 2 enfants par couple. Ainsi, quand le couple disparaît, il laisse 2 enfants à sa place ; deux personnes qui naissent, deux personnes qui meurent. En réalité, il faut un taux de 2.1, c'est-à-dire un couple sur dix qui fait 3 enfants au lieu de deux. Ceci est pour compenser les enfants qui peuvent mourir sans atteindre l'âge adulte. Dans les pays en voie de développement, l'ONU définit une natalité minimale bien supérieure pour tenir compte d'une plus forte mortalité infantile.

Le taux de natalité en Europe tourne autour de 1.6 enfants par femme. Au Portugal, c'est 1.3. La Grèce et la Moldavie sont encore plus bas ! En Allemagne 1.5. En France 1.8… etc. Pas un seul pays européen n'atteint ou ne dépasse les 2 enfants par femme. En pole position, on retrouve la Suède et la France. Comme par hasard, des champions de l'immigration. Les chiffres de la natalité sont capturés dans les hôpitaux et ne font pas la différence entre la natalité autochtone et celle liée à l'immigration. En Afrique, le taux évolue entre 4 et 6 enfants par femme selon les pays. Ce sont des pans entiers de ces sociétés qui sont déplacés en France pour les besoins de main d'œuvre peu chère pour le capital. Généralement, l'employeur de cette démographie est bien coté au CAC 40. Ceux qui ne peuvent pas s'insérer professionnellement, seront pris en charge par le contribuable. On retrouve constamment cette logique : les gains sont pour moi, les pertes sont pour toi. En tous les cas, les pays importateurs de cette immigration mènent vers celle-ci une politique résolument nataliste.

Cette politique est assez folle parce qu'elle s'adresse à des populations déjà très portées sur la natalité sans qu'il soit nécessaire d'en rajouter. Dans ses pays d'origine, ses Etats lui parlent de faire moins d'enfants. Ils mettent en place des campagnes où des éducateurs, médecins et assistants sociaux expliquent pourquoi l'explosion démographique est insupportable pour le pays, la famille, la maman et les enfants laissés à leur sort dans des fratries de la taille d'une équipe de foot. Or, quand ces mêmes populations arrivent en France, le discours s'inverse. L'Etat subventionne les naissances en payant et fournissant plus d'aides pour chaque enfant qui vient au monde sans limite de nombre.

Les dégâts, nous les connaissons. Les cités dortoirs où ceux qui cherchent à s'en sortir côtoient les trafiquants, les imams radicaux et les recruteurs pour la drogue ou un aller simple vers une guerre islamiste quelque part dans le monde. N'oublions pas au passage, que l'islamiste qui sert les intérêts des USA ou de l'Europe est dit modéré et il reçoit armes, aide financière, soutien logistique et même une couverture médiatique favorable. En 2011, l'aviation française frappait les troupes loyalistes du colonel Kadhafi pour protéger les troupes d'Al-Qaïda au sol. En faisant sauter le "verrou libyen", la France causa la crise dite des "migrants" qui permit la circulation de terroristes dans un flot humain incontrôlable. Ceci facilita les frappes terroristes en France par la suite. Dans son livre sorti en 2016, "Un président ne devrait pas dire ça", François Hollande admet que la France a livré des armes aux groupes terroristes en Syrie. En même temps, quand le terroriste sort du chemin qu'on lui trace, il devient ce chien enragé qu'il faut piquer : il est radical, il est sanguinaire et homophobe. C'est juste un petit rappel pour que je ne sois pas accusé de dire que l'alpha et l'oméga du terrorisme se trouve dans les cités. La cité, c'est le vivier. C'est l'élevage du djihadiste qu'on fournit sur pieds prêt à se battre là où on lui dira.

Une note au passage : dans de nombreuses villes, le premier né de l'année s'appelle Mohamed. Le prénom le plus donné aux garçons est Mohamed. Cette nouvelle circule souvent dans les milieux anti-immigration. Elle tend à faire croire que les bébés d'origine musulmane seraient très majoritaires et les autres en minorité. Cette information souffre d'un important biais statistique qui peut conduire parfois à une fausse conclusion. Imaginons une commune de France où 20% des nouveaux nés garçons viendraient dans des familles musulmanes, donc 80% dans des familles qui ne le sont pas. Ce 80% de familles vont choisir le prénom de bébé parmi une liste très vaste. Il se pourrait même que sur 100 bébés, on ne trouve pas plus de 1 ou 2 portant le même prénom. Chez les musulmans, c'est une autre histoire. Il est traditionnel nommer Mohamed le premier bébé d'une famille. Donc, sur les 20 bébés musulmans sur 100, on peut en avoir 8 ou 9 qui s'appellent Mohammed. Pour le reste, on trouvera 1 Paul, 2 Michel, 1 Cédric, 3 Killian… etc. Les statistiques feront le reste.

Cette aberration étant maintenant évacuée, il ne faut pas oublier le principal : les autochtones européens ne se reproduisent plus ! Si on revient sur la définition de l'ONU de génocide, en particulier l'alinéa d, en l'espèce : "mesures visant à entraver les naissances au sein du groupe".

L'entrave aux naissances est à rapprocher des hystéries climatiques : moins d'enfants, moins de carbone. Le "groupe" mentionné plus haut est principalement composé de Blancs occidentaux postchrétiens. C'est-à-dire ce groupe qui n'a plus d'attaches religieuses, culturelles ou nationales. En d'autres termes, un SDF civilisationnel. Il baigne dans le relativisme et n'a aucune conscience des enjeux qui se nouent autour de lui. C'est donc lui de manière majoritaire, ou parfois quasi exclusive, qui va réagir et se plier aux injonctions des propagandistes.

Rien que sur le LGBTisme, il suffit de regarder les médias sociaux pour se faire, de manière empirique, ses statistiques ethniques. Ce sont très majoritairement de jeunes Blancs, souvent en âge de former des familles, qui sont complètement embrigadés dans ce système.

Pourquoi les sexualités de type LGBT+ sont si sacrées pour les Etats occidentaux et les forces de l'argent ? Un seul exemple, en 2023, la compagnie aérienne British Airways a décidé de concevoir un uniforme pour les hôtesses de l'air. Celles-ci se plaignent de ce nouvel accoutrement parce que sa coupe est de type androgyne pour accommoder les hôtesses trans. Ils ont combien d'hôtesses trans ? Deux ? Trois ? Est-ce raisonnable de changer l'uniforme de toutes les femmes de la compagnie pour accommoder une poignée de personnes ? Depuis quand peut-on mettre en place des dispositifs pour faciliter la vie à deux personnes et la pourrir à mille ? Pourquoi ne pas installer les serrures de toutes les portes à 40 centimètres du sol pour faciliter la vie aux nains ? Oui, l'humanité entière devra se mettre à genoux pour les verrouiller ou les déverrouiller, mais le nain de passage, une fois tous les 50 ans, sera lui, bien content ! On peut partir sur des exemples encore plus absurdes à foison !

Le lobby LGBT+ est à l'Occident ce que la Vache sacrée est à l'Inde. Il ne s'agit plus de tolérer ou d'accepter, mais de célébrer et de promouvoir de manière compulsive en particulier vers les plus jeunes. Le président français, Macron, a été jusqu'à tenter d'envoyer un ambassadeur LGBT+ en Afrique comme si cette collection ouverte d'orientations sexuelles était un pays à part entière. L'ambassadeur en question a été déclaré persona non grata par le Cameroun et n'a pas été plus loin que Paris. En même temps, depuis Obama puis Biden, les ambassades US ont été encouragées à afficher les drapeaux LGBT+ sur les bâtiments, y compris dans les pays musulmans. Souvent, ces étendards arc-en-ciel, sont même plus grands que le drapeau US. Par moments, ils ont également affiché le drapeau du mouvement BLM. Qu'est-ce qui leur permet de penser que leurs débats sociétaux domestiques et leurs démons intéressent des pays souverains étrangers ?

Mais encore une fois, pourquoi ce mouvement est-il devenu la vache sacrée en Occident et suscitant les prosternations des acteurs politiques, économiques et sociaux ?

Des entreprises vont jusqu'à sacrifier leurs parts de marché et aliéner une bonne partie de leurs clients acquis à prix de grandes difficultés pour plaire à ce mouvement. En avril 2023, la compagnie de boissons Anheuser-Busch a décidé de lancer une campagne publicitaire pour sa bière Bud Light. Ils ont pris comme égérie, un gars qui se prenait pour une femme depuis quelques mois. Il caricaturait la gente féminine jusqu'à se filmer en train de se tordre de douleur dans sa chambre parce qu'il avait "ses règles". Sur le plan du marketing, ceci n'a aucun sens. La base de toute publicité est le ciblage. Adidas ou Nike ne vont pas illustrer leurs publicités pour produits sportifs en lançant une pub avec des retraités en déambulateurs.

Anheuser-Busch a fini avec une grosse campagne de boycott et a perdu des parts de marché. Bud Light a dégringolé de la première place des ventes. Place qu'elle avait gardée pendant plus de 20 ans ! En juillet 2023, la marque annonce une campagne de licenciement touchant 350 salariés. Le travailleur est tout le temps la variable d'ajustement des forces de l'argent. Quand une aventure idéologique s'avère ruineuse, il faut faire des économies immédiatement. Le premier poste qu'on vise ne sera pas la rémunération du PDG mais la masse salariale des jobards qu'on va appeler devant les DRH pour leur signifier qu'on se sépare d'eux.

Comment expliquer qu'une entreprise ait décidé de fracasser son produit qui marche le mieux ? Est-ce par pure bêtise, inconscience ou incompétence qu'ils ont déclenché la plus grande catastrophe marketing de ces dernières années ? S'ils avaient été les seuls dans ce genre de schémas suicidaires, nous aurions pu expliquer leur mésaventure par un égarement individuel et isolé. Mais le mal est très profond et touche de nombreuses compagnies avec une régularité qui ne se dément jamais. Chaque fois qu'un business morfle sur cet autel, l'observateur pourrait se dire que ceci va effrayer les autres, leur donner une leçon, et qu'il n'y aura plus de candidats pour se donner en cirque. Eh bien non ! Les scandales se succèdent avec une monotonie qui montre que des pans entiers de l'économie sont sur des dérives purement idéologiques contraires à leurs intérêts fondamentaux.

En 2015, Starbucks a demandé à ses baristas de parler de "race" aux clients et d'écrire des pensées au sujet de la race sur les gobelets de café. Vous imaginez le cafetier payé au salaire minimum demandant entre deux clients à un noir ou un hispanique s'il se sent oppressé à cause de sa couleur. Sans surprise, ce fut l'un des moments les plus embarrassants de l'histoire de cette compagnie. Les attaques sur les médias sociaux avaient pris une telle intensité que Starbucks a dû suspendre temporairement son compte Twitter. Ceci a aussi permis aux gens d'analyser le profil de cette boite et de découvrir que sur les 19 personnes à sa tête, il n'y a finalement que deux Noirs.

Starbucks a redécouvert que lorsque les clients s'alignent devant le comptoir, c'est pour obtenir un café au plus vite puis aller au bureau. Ils ne sont pas là pour s'étaler sur leur race ou leurs problèmes personnels. La campagne a été retirée sous les risées.

En 2019, la compagnie Gillette qui a décidé de se sacrifier en attaquant ses clients. Ils n'ont rien trouvé de mieux que de lancer une campagne critiquant la masculinité toxique. En réponse, les hommes qui sont le cœur de cible de cette compagnie ont commencé à bouder ces produits. L'année d'après Gillette a annoncé une perte de 8 milliards de dollars sur le segment des lames de rasoir.

Toujours en 2019 la compagnie Nike diffusa une publicité avec le joueur de NFL Collin Kaepernick. Ce dernier s'était distingué précédemment par un scandale lié au mouvement BLM. Il avait refusé de se lever pour le salut traditionnel au drapeau US avant les matchs.

Il va sans dire que Nike se retrouva avec un scandale alors que des milliers de consommateurs appelaient au boycott en brûlant leurs chaussures de sport devant caméra.

En 2022, Disney sort un film "un monde étrange" montrant un garçon amoureux d'un autre garçon. L'idée était clairement de faire la promotion de l'idéologie LGBT chez des enfants en bas âge qui vivent en dehors des considérations sexuelles et des phantasmes que certains adultes projettent sur eux. Le but de ce genre de films n'est nullement de parler d'homosexualité mais de promouvoir vers un public jeune et malléable la théorie du genre. Il s'agit de déstabiliser les enfants à un âge où ils n'ont pas de repères. Ils n'ont pas non plus de défenses intellectuelles. Ce film voulait poser les premiers jalons d'un chemin qui mène vers l'âge de 14 ans à la clinique et aux bloqueurs de puberté.

Le résultat ne se fit pas attendre : de très nombreuses familles aux Etats-Unis et ailleurs décidèrent de retirer l'offre Disney de leur télévision.

Mais pourquoi les entreprises s'engagent-elles dans ces histoires fondamentalement mauvaises pour le business ?

Il y a déjà l'idée de s'offrir une virginité. Comprenez, augmenter son score ESG. Ce score est devenu le Crédit Social Woke des entreprises. Les grands groupes d'investissement, comme Blackrock, de nombreuses banques et fonds de pension, considèrent le score ESG dans leur décision d'investir ou pas. Un mauvais score, veut dire pas d'argent et l'obligation de se financer par des prêts coûteux. L'un dans l'autre, une entreprise ayant un besoin vital d'investisseurs, sera prête à entrer dans une démarche sacrificielle qui consiste à détruire une partie de son marché et fâcher ses clients si en retour elle pourra obtenir une meilleure considération chez les investisseurs. Après tout, ces derniers, une fois qu'ils injectent de l'argent, l'entreprise devient quelque peu la leur. Ils ont le droit de dicter les priorités. C'est leur argent qui travaille et si leur but n'est pas de faire des bénéfices mais de signaler de la vertu par des singeries idéologiques, alors pourquoi pas.

Par ailleurs, il faut comprendre les concepts d'allégeance et de sacrifice. Quand on vend son âme au diable, il faut donner quelque chose de précieux et d'important. Qu'est-ce qu'il y a de plus cher pour une entreprise : ses clients, son revenu, sa part de marché. C'est ce qui justifie sa fondation et même son existence. Pour montrer que son allégeance est sérieuse et sincère, elle doit rentrer dans une démarche sacrificielle et détruire ce qui compte le plus pour elle. Dans certains contes, le pacte avec le diable exige qu'on lui donne son futur enfant à naître. C'est seulement dans le sacrifice le plus important que se scellent ces contrats. Une boite qui détruit ses parts de marché renvoie un signal fort au lobby. On sait que la démarche est sincère parce que le message est écrit avec du sang.

Les groupes LGBT+ sont sacrées parce qu'ils offrent une voie de sexualités non reproductives aux jeunes occidentaux qu'on est en train de génocider pour "le climat". L'homme avec l'homme, la femme avec la femme… du moment que l'union est stérile, il faut la célébrer et encourager un maximum de jeunes à adopter ce mode de vie.

Au début des années 2000, je luttais contre l'excision en faisant l'éveilleur de consciences. Je craignais la contagion vers le Maghreb. Scénario qui ne s'est heureusement jamais réalisé. Cette pratique barbare qu'on trouve dans certains endroits pauvres d'Afrique noire, concerne toujours des millions de filles. Dès leur plus jeune âge, une vieille sorcière les mutile avec un couteau ou une lame de rasoir.

Aujourd'hui, la mutilation génitale illustre le Privilège Blanc : quand l'africain la pratique, c'est un mal absolu. Quand l'occidental le fait, c'est du progressisme. C'est même remboursé par la sécurité sociale et les assurances maladie dans un nombre croissant de pays. Un africain qui prend sa fille en vacances au bled et profite pour la faire charcuter, finit devant un tribunal. Son voisin Blanc qui châtre son fils est célébré et peut enfin être fier de quelque chose dans sa vie !

Quand une adolescente va voir l'infirmière scolaire pour dire qu'elle s'identifie à un garçon, la professionnelle de santé ne peut poser aucune question. Elle doit immédiatement engager un processus qui, sur le plan économique, ira enrichir beaucoup de monde. Sur le plan climatique, il fera de cette jeune fille une chimère stérile.

Quatrième Chapitre
La Russophobie, la guerre contre soi

Les occidentaux sont sommés de détester la Russie. Ce pays par ses traditions, son rapport à la religion chrétienne et ses valeurs très conservatrices représente ce qu'étaient les pays occidentaux il n'y a pas très longtemps. En rejetant la Russie, l'occidental crache sur son propre passé. Il affirme haut et fort que le divorce est consommé. La Russie, par ses valeurs, n'est pas très différente d'une France des années soixante par exemple. Il suffit de visionner les anciens films, lire les anciens journaux ou regarder les documentaires d'époque. Il y a peu, la France affirmait les mêmes valeurs sociétales que la Russie.

La Russie n'a pas beaucoup changé ; la France si. La France est laissée définir par les égarements des jeunes américains aux cheveux colorés en bleu et en rouge qui peuplent ou qui végètent dans les universités de New York ou de Californie. Cette nation plurimillénaire veut tout faire, se plier en quatre si nécessaire, pour plaire à ces jeunes. Ils délirent, ils demandent, ils exigent, la France obéit. Elle change ses lois, elle change sa constitution, change ses mœurs pour obtempérer à leur demande. Entre les délires de l'étudiant en sciences sociales américain et le législateur français, il n'y a que quelques mois de décalage. Le premier, un dégénéré, imagine une société fantasmagorique à l'image des nuages, souvent chimiques, qui enveloppent son cerveau et le second, détenant le pouvoir exécutif, applique.

Il eut un jour qui représenta un avant et un après dans ce déchaînement de haine antirusse. Tout commença par un discours de Vladimir Poutine au Club de Discussion de Valdaï en septembre 2013. Devant un parterre de plus de 200 participants, le président russe a asséné des vérités que les occidentaux n'étaient pas prêts à entendre. Au lendemain de ce discours, les médias britanniques s'enflammaient. Journalistes, animateurs de télévision, chroniqueurs de radio devaient tous chanter au diapason. Les paroles de la chanson reprise à l'unisson venaient de très haut : le mal absolu avait un nom, c'était la Russie. Tous les jours on citait ce pays dans un contexte grotesque, d'une manière compulsive, en préparant les esprits malléables du public. On préparait le public à une guerre.

Ce pays ami et allié d'hier, il fallait le détester de toutes ses forces. Mais qu'a-t-il dit le président Vladimir Poutine pour déchainer de telles passions ?

"Nous voyons que de nombreux pays euro-atlantistes sont en train de rejeter leurs racines y inclus les valeurs chrétiennes qui constituent les bases fondamentales de la civilisation occidentale. Ils sont en train de rejeter les principes moraux et toutes les identités traditionnelles. Les identités nationales, culturelles, religieuses et même sexuelles sont détruites. Ils sont en train de mettre en place des politiques qui mettent à pied d'égalité des familles nombreuses avec des partenariats

entre personnes du même genre. Ou bien qui mettent à pied d'égalité la croyance en Dieu avec la croyance en Satan.

La dictature du politiquement correct a atteint de telles extrémités, que certaines personnes parlent ouvertement et sérieusement de créer des partis politiques pour promouvoir la pédophilie. Dans de nombreux pays européens, les gens sont embarrassés ou ont peur de parler de leurs affiliations religieuses. Les fêtes religieuses sont abolies ou renommées. Leur essence est cachée ainsi que leurs leçons morales. Et des gens sont agressivement en train de tenter d'exporter ce modèle partout dans le monde. Je suis convaincu que ceci ouvre une voie directe vers la dégradation et le primitivisme et que ceci donnera une crise démographique et morale très profonde.

Quoi d'autre que la perte de la capacité à se reproduire pourrait-il agir en tant que témoin ou preuve de la profondeur de la crise morale à laquelle fait face la société humaine ? Aujourd'hui, pratiquement toutes les nations développées sont incapables de se reproduire même avec l'aide de l'immigration. Sans les valeurs portées par la chrétienté et les autres religions du monde, sans les standards de moralité qui ont mis des millénaires à se former, les peuples perdent inévitablement leur dignité humaine. Nous devons respecter les droits des minorités qui veulent être différentes mais les droits de la majorité ne doivent jamais être remis en question.

En même temps nous voyons des tentatives de créer un monde unipolaire avec un floutage volontaire des frontières entre les institutions internationales et les souverainetés nationales. Ce

À partir de là tout a changé dans le traitement médiatique de ce pays. Les articles devenaient ouvertement agressifs, orduriers appelant à la guerre. Chaque jour apportait son lot de rhétorique incendiaire. Comme d'habitude, la guerre se prépare d'abord dans les esprits. Quand le public sera mûr, il exigera de lui-même qu'on aille à l'attaque. Il sera prêt à sacrifier son bien-être, sacrifier son économie et même ses enfants pour faire plaisir à ses élites et en découdre avec l'ennemi qu'on lui a désigné.

Lors des conflits ces élites ne souffrent pas, au contraire elles s'enrichissent. Les enfants de la caste au pouvoir ne meurent pas dans les tranchées. C'est à peine si on les balade pendant quelques heures sur une ligne de front calme et ultra sécurisée. Ceci leur permet, par la suite, d'obtenir les honneurs et les médailles.

Depuis ce discours de 2013, réitérant un certain nombre de valeurs pourtant évidentes, la guerre était déjà écrite. Lors de sa campagne électorale pour la présidentielle, qui lui semblait acquise, Hillary Clinton avait déjà haussé le ton avec la Russie. Il était clair à cette époque que si elle gagnait (et ça semblait être joué d'avance), elle allait immédiatement engager, sous une forme ou une autre, un conflit majeur avec cet ennemi héréditaire. Les wokistes de tous bords adoraient Hillary qui allait les débarrasser de ce pays qui servait de miroir à ce que l'occident était il n'y a pas très longtemps.

À la grosse surprise de l'état profond c'est Trump qui a été élu président des Etats-Unis d'Amérique. À l'époque, on n'avait pas réalisé la puissance des médias sociaux. Ils étaient un phénomène relativement récent qui n'avait pas été correctement intégré dans les calculs. Trump n'avait que faire des conflits traditionnels de l'Amérique. Lui voulait se concentrer sur la reconstruction du pays laissé dans un état de grande vétusté par les différents errements des administrations précédentes. C'est ainsi que le projet de guerre avec la Russie prit du retard.

Il a fallu attendre l'arrivée de l'administration Biden pour que le projet soit enfin relancé et remis sur les rails. Le mécanisme de mise à feu était simple : il y a des susceptibilités géostratégiques qui déclenchent certaines réactions de manière quasi-automatique. Par un coup d'Etat, le système américain avait déjà installé un pouvoir fantoche à Kiev en Ukraine. Sous la houlette d'un certain Zelinsky, un chanteur sulfureux, ce pouvoir était complètement inféodé aux Etats-Unis auxquels il devait son existence. Il suffisait de rapprocher l'Ukraine de l'OTAN pour provoquer l'ire de Moscou.

L'invasion de l'Ukraine n'était une surprise pour personne et encore moins pour son propre président Zelinsky. Ce dernier connaît l'échiquier de la région et n'était pas sans savoir qu'un rapprochement avec l'Alliance Atlantiste allait automatiquement et mécaniquement déclencher une invasion par l'armée russe. En ce sens, il a sacrifié son pays. Il a sacrifié son peuple et sa jeunesse. Lui, tout comme les forces qui le pilotent, savent qu'un pays comme l'Ukraine n'a strictement aucune chance face à la Russie. Ce n'est pas comme s'il allait vaincre ce puissant voisin et marcher sur Moscou et puis continuer à travers l'Oural et la Sibérie pour arriver jusqu'à Vladivostok sur la mer du Japon. Équipé de matériel hétéroclite fourni par les divers pays participants, l'Ukraine a envoyé ses jeunes à l'équarrissage.

Heureux d'assouvir leur haine, les européens inféodés à l'OTAN ont perdu tout sens des réalités. Ils savaient que leur poulain n'avait aucune chance, mais ils étaient prêts à se battre jusqu'au dernier ukrainien. Il savait aussi que cette guerre allait les priver de l'accès aux ressources énergétiques russes. Ceci allait donc plonger nécessairement le vieux continent dans la crise et l'inflation. Néanmoins, dans une démarche cynique, les dirigeants de l'Union Européenne acceptaient ce sacrifice parce qu'il leur permettait aussi d'atteindre ce qu'ils appellent les "objectifs climatiques". Cela fait seulement des décennies qui cherchent à restreindre l'accès à l'énergie à leurs peuples. Ils ont toujours rêvé de détruire leurs usines, raser leurs fermes et priver leur population de chauffage, de cuisinière, de climatiseur, de voiture et de tous les conforts de la vie moderne. Le faire d'autorité aurait été difficile. Nous avons tous vu ce qui s'est passé aux Pays-Bas quand l'État a voulu saisir des fermes pour les détruire ! Cela avait fini par des manifestations et des mouvements de résistance qui se sont organisés contre ce projet inique. Par contre, l'inflation énergétique est absolument imparable. Quand la facture de gaz ou d'électricité ou de carburant explosera, les gens renonceront naturellement aux appareils qui leur permettent d'améliorer leur confort. Les usines fermeront parce que la production n'aura plus aucune viabilité économique. D'eux même, sans qu'on ait besoin de les forcer, les agriculteurs, les fermiers les et autres éleveurs abandonneront leurs terres et leur bétail.

C'est pour ces raisons idéologiques que les européens se sont engagés à plein corps dans cette guerre insensée. Sauver l'Ukraine des griffes de la Russie est devenu de manière irrationnelle une préoccupation existentielle. Tout d'abord ils auraient pu empêcher cette crise en évitant tout simplement de rapprocher l'OTAN des frontières russes. Cette escalade et la tragédie humaine qu'elle implique, n'avaient pas besoin d'arriver. La catastrophe était auto infligée et largement évitable. Et puis si on regarde les choses sur le plan de la realpolitik, des pays comme l'Allemagne, la France ou le Royaume-Uni n'ont pas à sacrifier des décennies de construction pour sauver quelques kilomètres carrés de sol ukrainien. Évidemment, l'Ukraine est un alibi, un prétexte, ils s'en fichent complètement de ce pays. Mais il leur a permis de déclencher une crise dans le but d'atteindre des objectifs et réaliser un agenda écrit d'avance.

Mais les occidentaux, qui se définissent comme la "communauté internationale", ont oublié un certain nombre d'évidences. La première est que les Russes sont des joueurs d'échecs. Cela fait longtemps qu'ils travaillaient sur un projet de monde multipolaire dans le cadre des BRICS. La guerre qu'ils ont hypocritement déclenchée et alimentée en armes et en propos incendiaires a encouragé de nombreux pays à réfléchir à s'engager sérieusement sur la voie de la multipolarité. Beaucoup de ces pays ont été bombardés par le passé ou bien soumis à des embargos ou dans lesquels on a fomenté les guerres et des coups d'État, dans lesquels on a déclenché des révolutions colorées, ou financé des groupes terroristes… ont compris que cette fois il faut aller à marche forcée vers un monde différent. Le monde, la plus grande partie de l'humanité, en a ras-le-bol d'un Occident dégénéré et décadent qui donne des leçons de morale.

Le projet du nouvel ordre mondial est mort et enterré. La division est profonde. Il n'y aura pas de retour en arrière. Ce que nous vivons aujourd'hui sera vécu par les prochaines générations. Peut-être vécu par le dernier homme à marcher sur terre. Celui qui éteindra les lumières avant de partir. Comme toujours, les guerres finissent par s'épuiser. Les belligérants acceptent un statu quo ou négocient une paix voire même deviennent amis. La guerre entre la Russie et l'Ukraine pourrait ainsi trouver une fin. Mais ce qui ne trouvera pas de fin, c'est la multipolarité du monde. Il y a une perte de décence et une perte de confiance qui font que les peuples, ni maintenant ni dans le futur, ne voudront revenir en arrière.

L'état profond américain a tué la poule aux œufs d'or. L'espace qui lui permettait de diluer le dollar s'est rétréci comme peau de chagrin. L'Amérique ne pouvait vivre au crochet de l'humanité entière qu'en ayant la capacité d'imprimer des dollars et les envoyer à l'étranger. Ces tonnes de billets verts se diluaient dans l'économie de tous les pays de la planète. C'est ainsi que la Fed pouvait en imprimer presque à volonté sans atteindre une inflation comme celle du Zimbabwe. Le bassin de dilution des dollars est absolument crucial, celui-ci doit englober toute l'économie mondiale. Or les américains non contents d'utiliser le dollar pour vivre gratuitement, ils ont voulu aussi l'utiliser comme monnaie de contrôle, de chantage et d'hégémonie. Le dollar comme tout autre outil n'a pas toutes les vertus. Il avait en tout cas celle de leur permettre de vivre au-dessus de leurs moyens en taxant indirectement toute l'humanité. Toute personne, toute entreprise, toute banque petite ou grande, toutes les banques centrales, tout Etat ou organisation qui possède des dollars voit progressivement leur valeur fuir à travers l'épaisseur des coffres par le biais de l'inflation causée par la rotative folle de la Fed.

Ils auraient pu tout simplement en profiter et se taire, faire en sorte que la manne dure le plus longtemps possible. Mais leur avidité les pousse à vouloir tout. Taxer l'humanité mais en même temps vouloir la contrôler sur tous les plans. L'argent et le pouvoir leur montaient à la tête. Peu à peu, ils se sont déconnectés même du réel. Ils ne se sentent liés par aucune loi ni même la loi de la physique ou les lois de la morale. Ils sont devenus l'empire du mensonge. Ils mentent à leur peuple en lui créant des menaces imaginaires. En l'enjoignant sur la base de celles-ci de renoncer à ses libertés fondamentales et accepter un État de plus en plus présent dans les moindres gestes du quotidien. Ils mentent à leurs jeunes soldats qu'ils recrutent sur les parkings des supermarchés avant de les envoyer se faire tuer sur les fronts de guerres qu'ils ouvrent sans cesse à travers le monde.

L'argent facile est un vice. La manne, qui semblait illimitée, a été utilisée pour financer des projets idéologiques ruineux et sans lendemain. Le pire d'entre eux est assurément l'industrie de la guerre. Pour la majorité des pays, maintenir une armée est un mal nécessaire pour se protéger. Pour les Etats-Unis la guerre est une industrie à part entière. Les conflits doivent se poursuivre ou être créés au besoin afin que la machine tourne. Le Pentagone est présent sur 4500 sites aux Etats-Unis et à travers le monde. Avec un budget annuel de de 1000 milliards de dollars, c'est - et de loin - le bras le mieux financé de l'État américain. Année après année, le Pentagone rate ses audits.

Les contrôleurs n'arrivent pas à mettre la main sur la plupart des biens mobiliers et immobiliers de cette tentaculaire administration. Plus de 60% des biens (en valeur) ne sont pas localisables. L'évidence est très simple : le Pentagone est une machine à détourner l'argent pour le reverser aux familles puissantes qui, de facto, possèdent le pays. Les menaces, les guerres, les conflits ne sont qu'un prétexte pour fournir un alibi à ce détournement de proportions bibliques.

Ce système opaque est compliqué est devenue la raison d'être de l'Etat américain. C'est pour cette raison que chaque président, chaque nouveau locataire de la Maison Blanche, qu'il soit démocrate ou républicain, doit lancer une, deux ou trois guerres par mandat. La recette est toujours la même : on choisit un pays, on l'accuse d'un attentat qu'il aurait commis ou qu'il aurait l'intention de commettre dans le futur, ou on l'accuse de posséder ou de vouloir posséder des armes de destruction massive, ou on l'accuse de maltraiter son peuple... et le tour est joué. De fausses preuves sont rendues publiques et les médias se chargent d'amplifier et de marteler le message. Pendant que les civils meurent sous les bombardements qui leur apportent la démocratie, des tonnes de dollars changent de main.

Durant la guerre en Irak, vers 2003, une nouvelle unité monétaire a été inventée : l'Hercules. Plusieurs fois par semaine, atterrissait à Bagdad un avion Hercules C-130 rempli de cartons de dollars. Un Hercule c'est 2,4 milliards de dollars en billets de 100 soigneusement emballés. Ces transferts ont représenté le plus gros déplacement de monnaie de l'histoire de l'humanité.

Officiellement, cet argent servait à financer les opérations et la reconstruction. Sans surprise de nombreux Hercules, avec leur chargement, ont simplement disparu. Américains et irakiens s'accusent mutuellement mais le cash n'a jamais été retrouvé.

Falsifier les élections pour mettre à la Maison Blanche un homme sénile et bourré de casseroles a été l'erreur de trop de l'Etat profond américain. Sous nos yeux, le monde se réorganise pour un lendemain dans lequel les Etats-Unis n'auraient plus de place. L'insécurité géostratégique créée par le coup monté contre la Russie, prouve à chaque pays et à chaque peuple que demain, ça pourrait être son tour. La plus grande partie de l'humanité en a ras-le-bol de cet ordre mondial né dans la précipitation après la deuxième guerre mondiale. Les gens ne veulent plus donner leurs matières premières contre des dollars fraîchement imprimés et des leçons de démocratie.

Le monde a compris que les Etats-Unis sont en faillite morale et qu'ils sont également en faillite financière. L'effondrement n'est qu'une question de temps. Tant que ce pays hors contrôle pourra écouler ces dollars, il continuera à créer de la zizanie et sera un facteur de déstabilisation. La dédollarisation, c'est la fin de ce système. Kadhafi l'a payé de sa vie pour avoir voulu créer un dinar basé sur de l'or. Le dirigeant libyen avait eu raison trop tôt. Aujourd'hui, le dollar est vu comme une monnaie radioactive et toxique. Ceux qui n'en sortiront pas de leur propre chef risquent de l'avoir entre les mains le jour de l'effondrement final. Si leurs biens et leurs richesses sont libellés en dollars, ils risquent de s'évaporer en quelques heures quand le système arrivera au terminus...

Même si le processus était inéluctable, géré par des gens raisonnables, il aurait pu durer encore un siècle. L'administration Biden a accéléré les choses. L'attaque contre la Russie entrera probablement dans l'histoire comme le plus gros foirage stratégique de tous les temps. Aujourd'hui la machine de dédollarisation est emballée, rien ne peut la stopper.

Les américains ne pourront pas sauver leur peau mais ils pourront tenter de retarder l'inéluctable. Une manière d'acheter du temps serait de sacrifier l'Europe. Si on pousse l'Europe dans une crise majeure, une grosse guerre, une dépression économique... Ceci permettrait la fuite des capitaux en euros vers le dollar. Mettant l'Europe complètement à genoux, c'est-à-dire ramener des pays comme la France ou l'Allemagne au même niveau de PIB que le Soudan, il sera possible d'acheter du temps.

Bonne nouvelle pour le régime américain. L'Europe est prête pour cet ultime sacrifice. Pour des raisons idéologiques, le vieux continent ne veut plus vivre. Il veut protéger le climat, sauver la planète, sauver l'univers ! Et surtout créer un monde rien que pour ses riches grabataires. L'Europe veut devenir un endroit où un chauffe les garages contenant des collections de voitures. Ou on chauffe les piscines des ministres mais où des gamins et des retraités crèvent de froid.

Le vieux continent ne veut plus vivre. Peut-être qu'il ne mérite plus de vivre tout simplement.

Conclusion

Il n'y a pas de conclusion. Ce genre de récit ne se terminent jamais. Plus on parle, plus il y aura de choses à dire. Pendant même que vous lisiez ce livre, le monde autour de vous est doucement en train de s'effondrer. Beaucoup de crises évoquées dans ces pages se sont aggravées depuis la publication. D'autres sont créées au jour le jour en fonction des lubies de nos dirigeants. Ils sont habités par une parole de mort.

Et ils préparent déjà la prochaine crise. Ils préparent la prochaine loi liberticide et les prochaines restrictions, interdictions, limitations et taxations. Je vous le dis sans détour, si vous pouvez, foutez le camp ! Si vous avez un conjoint ou un grand-père vous permettant d'obtenir une autre nationalité, commencez les formalités tout de suite. Creusez dans votre arbre généalogique, le salut s'y trouve peut-être.

Évitez les pays de Blancs. Ces pays sont tous sur la sellette. Ils suivent tous le même programme, certains sont en avance sur les autres, certains sont en retard sur les autres, mais tôt ou tard, ils viendront tous aux mêmes extrémités.

Ils ont tous reçu la même feuille de route. Ils doivent détruire leur économie, leurs familles, leur souveraineté et se vendre au plus offrant. Certains embrassent l'agenda avec zèle comme la France de Macron ou le Canada de Trudeau. D'autres, comme les pays de l'Est traînent, des pieds. Ils ne sont pas motivés pour avancer mais ils avanceront quand même. Ils peuvent - très temporairement - être sous la bénédiction d'un président qui a des valeurs nationales en principe directeur ou bien être gérés par une coalition qui a des valeurs patriotiques non négociables. Mais il ne faut pas sous-estimer le travail de sape à long terme. Par le biais de l'école, la télévision et les médias sociaux, la jeunesse est travaillée en férocité. Elle a honte de son pays épargné par le wokisme. Elle milite et elle le sait, tôt ou tard, il y aura un renversement de situation et arrivera à sa tête un progressiste qui détricotera le pays en quelques mandats.